AF236072

Alexander Bálly
Herausgeber

Magister P.

GESTA HUNGARORUM

P. MAGISTER QVONDAM
BELE REGIS HVNGARIE NOTARIVS
GESTA HVNGARORVM

Die Geschichte der Ungarn
in modernes Deutsch übertragen,

herausgegeben und kommentiert
von Alexander Bálly

IMPRESSUM

Bibliografische Information der Deutschen Nationalbibliothek: Die Deutsche Nationalbibliothek verzeichnet diese Publikation in der Deutschen Nationalbibliografie; detaillierte bibliografische Daten sind im Internet über dnb.dnb.de abrufbar.

Herstellung und Verlag:
BoD – Books on Demand, Norderstedt

ISBN: 9783756216352

Sie haben Fragen an mich? Kontakt über:
alexander@alexander-bally.de

Besuchen Sie meine Website:
www.alexander-bally.de

Widmung

Für meine Tante Vera
und ihren Trabant,
dem fliegenden Knatter-Teppich
mit dem sie mir die schönsten
Ecken Ungarns zeigte,

meinen Vater, von dem ich
seine tiefe Liebe zu diesem Land erbte

und

Herrn Dr. M.,
meinen Lateinlehrer.

Inhaltsverzeichnis

Vorbemerkung..9
Prolog..13
Ouvertüre...20
    Skythien... 20
    Warum sie Ungarn genannt werden..24
Fürst Álmos...30
    Die Geburt von Álmos..30
    Fürst Álmos...31
    Die Wahl zum Großfürsten Álmos..........................32
    Der Eid der Fürsten...33
Auf nach Westen..40
    Der Aufbruch..40
    Ruthenien...41
    Frieden mit den Ruthenen......................................43
    Die sieben Fürsten der Kumanen............................45
    Die Städte Lodomer und Halytsch...........................46
    Wie sie nach Pannonien kamen..............................49
Fürst Árpád und erste Erfolge...61
    Die Burg Ung..61
    Fürst Árpád...62
    Die Burg Komárom..64
    Der Berg Turzol...66
    Szerencs...67
    Borsod...68
Über die Theiß und nach Osten...77
    Der Fürst von Bihor..77
    Die Mission Bihor..78
    Szabolcs...80
    Das Land Nyr..82
    Sieg und Sicherung...83
    Transsilvanien...84
    Der kluge Tétény..84
    Der Feldzug gegen Gelu.......................................85
    Der Tod von Gelu...86
    Fürst Menumorout..88
    Die Rückkehr von Szabolc und Tosu.......................89
Weiter nach Westen..101
    Fürst Salan..101
    Abreise aus Szerencs...101
    Die Burg Ösúr und der Fluss Eger.........................102
    Die Burgen von Nógrád und Nyitra........................103
    Der Garam und die Burg von Bors.........................105
    Die Stadt Nyitra...107
    Die Spione der Fürsten...108
    Die Schlacht von Fürst Árpád...............................108
Das Imperium schlägt zurück...119
    Die Armee der Griechen und Bulgaren....................119
    Salans Aufbruch gegen Fürst Árpád.......................121

Der Sieg Árpáds..122
Árpáds Aufbruch..123
Die Boten des Fürsten der Bulgaren..125
Zagreb, Pozsega und Valkó...126
Die Donauinsel...127
Die Bulgaren und Makedonen...132
Nächstes Ziel: Der Westen, jenseits der Donau............................145
Der Hafen Moger..145
Das Land Pannonien...147
Die Stadt Vesprém..148
Vasvár..149
Die Verwüstung Pannoniens...150
Endspiel - Fürst Menumorut..162
Feldzug gegen Fürst Menumorut...162
Usubu und Velec,..164
Nach Árpád..169
Fürst Zolta, der Nachfolger..169
Lothringen, das Alemannen- und das Frankenreich.................................171
Der Tod von Lél und Bulsu...171
Die Feinde von König Otto...173
Die Gründung des Königreiches...176
Dichtung oder Wahrheit?...185
Eine Einordnung...185
Die historische Landnahme...188
Der Wert der Gesta Hungarorum...190
Ein persönliches Nachwort..193
Danksagung...197
Appendix..199
zur Aussprache im Ungarischen..199
Namensliste...202
Liste der Orte..207
Quellen..223
Bildnachweise:...224
Karten..225

Vorbemerkung

Schließen Sie die Augen und lassen Sie bitte in ihrer Fantasie einen Pass in den nördlichen Karpaten erscheinen. Wählen Sie das frühe Frühjahr im Jahr 895. Nach Osten fällt der Weg ab, weit kann man ihn nicht einsehen. Schauen Sie dort! Eine Pelzkappe erscheint, darunter ein Reiter in knapp knielanger, dicker Jacke und hohen Stiefeln auf einem kleinen Pferd, bewaffnet mit einem Bogen. Er blickt ins Land, lächelt, dann nimmt er sein Horn vom Gürtel und bläst einen hellen, durchdringenden Ton. Und nun kommen sie, viele weitere Reiterkrieger, eine endlos scheinende Kolonne, aber auch Wagen mit Frauen, Kindern, Greisen. Zu Fuß sind ihre Knechte und Dienerinnen unterwegs und führen die Packtiere. Tausende sind es, die mit all ihrer Habe kommen, mit ihren zerlegten Jurten und mit ihren Herden. Die Magyaren dringen ins Karpatenbecken ein, und die ungarische Landnahme beginnt.

Es ist die Geburtsstunde der ungarischen Nation und ihr großer Auftritt auf der Bühne der europäischen Geschichte. Leider befassen sich nur wenige Bücher mit dieser Epoche, wenn man von wissenschaftlichen Werken einmal absieht. Diese Chronik aus dem 13. Jahrhundert erzählt davon, ist aber den allermeisten Lesern unbekannt. Darum habe ich das Werk ins Deutsche übersetzt und zwar so, dass das Lesen Spaß macht. Vielleicht mag mich der eine oder andere Lateinlehrer für meine Freiheiten in der Übertragung schelten, doch ein geschmeidiger, angenehmer Text stand immer an erster Stelle. So erzählt das Buch nun wieder die spannende Geschichte, wie die Karten im Karpatenbecken komplett neu gemischt wurden. Die Magyaren konnten nicht nur in sehr kurzer Zeit ein Gebiet zu erobern, das größer ist als das heutige Ungarn, es gelang ihnen auch, sich dort dauerhaft festzusetzen und im Land inneren Frieden zu halten.

Leider ist das Werk als historische Quelle nicht sehr zuverlässig. Um die Unrichtigkeiten im Text geradezurücken und die Zusammenhänge klar zustellen, finden sich im Text erklärenden Fußnoten und an den Kapitelenden sind jeweils Kommentare eingeschoben.

Am Ende des Buches finden sich nicht nur ein Namens- und Ortsverzeichnis, auch Hinweise zur korrekten Aussprache der ungarischen Namen gibt es und – natürlich – eine Karte.

Warum sollten Sie das Buch lesen? Weil sie etwas über den Anfang Ungarns erfahren wollen und die Zeit, in der sich Europa neu formte? Ja, sicher. Doch vor allem, weil es ein schönes und lesenswertes Buch ist. Es lädt Sie ein, die spannende Geschichte über die abenteuerliche Landnahme mitzuerleben.

Vorhang auf für unseren Chronisten, den man in Ungarn als *Anonymus* kennt. Er selbst stellt sich uns als Magister P. vor.

ANONYMVS =
GLORIOSISSIMI BELÆ REGIS NOTARIVS.

Das Denkmal von Magister P.
im Városliget in Budapest

11

Prolog

Hier beginnt der Prolog zu den Taten der Ungarn.

P., auch Magister genannt und einst der Notar des hochruhmreichen König Béla von Ungarn, Gott hab ihn selig, an N., seinen liebsten Freund, einen ehrwürdigen Mann und wohl beschlagen in der Kunst der Buchstaben: Grüße und die Antwort auf seine Bitte.

Als wir zusammen in der Schule lernten und mit gleicher Begeisterung die Geschichte Trojas lasen, habe ich diese in meiner eigenen Art vorbereitet. Dabei trug ich mit viel Liebe zusammen, was ich in den Büchern von Dares Phrygius[1] und anderen Autoren fand und was ich von meinen Meistern gehört hatte. Damals hast du mich gebeten, dir genau so, wie ich über die Geschichte Trojas und die Kriege der Griechen geschrieben hatte, eine Genealogie der Könige von Ungarn und ihrer Adeligen zu verfassen: Wie die sieben Fürsten[2],

1 Dares Phrygius schrieb im 5. Jahrhundert die „Acta diuna belli Troiani", eine Erzählung über den trojanischen Krieg. Das Buch wurde im 12. Jahrhundert ein Hit, also noch knapp vor der vermutlichen Entstehungszeit unserer Chronik.

2 Unser Magister P. benutzt gerne das Wort „dux". Viele Übersetzungen schreiben „Herzog". In unserer Tradition ist der Begriff des Herzogs eher an Territorien gebunden, bei den Magyaren, die damals zumindest teilweise nomadisch lebten, war dies anders. Es waren wohl eher Oberhäupter von „Großsippen" oder Stämmen. Darum schreibe ich lieber Fürst bzw. Großfürst. Das trifft vermutlich am ehesten den Sachverhalt. Auch Häuptling wäre nicht falsch, klingt in meinen Ohren aber zu sehr nach Indianer. Im modernen Ungarisch spricht man in diesem Zusammenhang von „vezérek", also von Führern bzw. Anführern. Das

die als Hetumoger[3] bezeichnet werden, aus dem Skythenlande herkamen und wie dieses skythische Land beschaffen war, wie Fürst Álmos geboren wurde und warum Álmos, von dem die ungarischen Könige ihre Herkunft ableiten, der erste Großfürst von Ungarn genannt wird. Auch, wie viele Reiche und Herrscher sie eroberten und warum die Menschen, die aus dem skythischen Land kamen, in der Sprache der Ausländer Ungarn genannt werden, in ihrer eigenen Sprache aber Magyaren.

In der Tat habe ich versprochen, dass ich das tun würde, wurde aber durch mancherlei Pflichten davon abgehalten. Ich hätte deine Bitte und mein Versprechen wohl fast völlig vergessen, wenn du mich nicht so lieb in einem Brief ermahnt hättest, die Schuld zu begleichen. In Anbetracht deiner Zuneigung und obwohl ich vielen und vielfältigen Angelegenheiten in dieser mühseligen Welt verpflichtet bin, bin ich bereit mit Hilfe der Gnade Gottes zu tun, was du mich geheißen hast, wobei ich auf die Überlieferungen verschiedener Historiker zurückgreife.

Ich halte es für sehr wichtig, dass dies der Nachwelt erhalten bleibt und nicht von späteren Generationen vergessen wird. Ich meine, es ist das Beste, dass ich dir wahrheitsgemäß und klar

---

Wort „vezér", die Singularform, bezeichnet übrigens auch die Dame im Schachspiel.

3 Diese Hetumoger werden uns im Text noch oft begegnen. Zwei Wörter kann man darin erkennen: „hét", das ungarische Wort für „sieben" und „Mog", den Namen des legendären Urahns der Hunnen und Ungarn. Frei übersetzt sind es die sieben Mog-Erben. Es war der Titel der sieben Stammesfürsten der Ungarn.

schreibe, sodass, wer lesen kann, so erfährt, was wirklich passiert ist. Es wäre höchst unwürdig und völlig unpassend für die Edlen Ungarns, von den Anfängen ihres Geschlechts, von dessen Tapferkeit und ihren Taten nur aus den entstellten Bauerngeschichten oder dem Schnattersang der Gaukler zu hören. Sie sollten vielmehr die Wahrheit und Tatsachen aus der sicheren Deutung der Dokumente erkennen und aus der geradlinigen Darlegung der historischen Berichte.

Das glückliche Ungarn, mit vielen Gaben gesegnet, kann sich zu jeder Stunde freuen, weil ihm dank der Mühen seines Schulmeisters nun dieses Werk vorliegt: Der Beginn einer Genealogie seiner Könige und Adligen – denn durch die Könige werde Lob und Ehre dem ewigen König zuteil und seiner Mutter, der heiligen Maria, durch deren Gnade die Könige von Ungarn und seine Adligen über das Königreich bis zum glücklichen Ende hier und in Ewigkeit herrschen.

Amen.

15

Anmerkungen

DIESE EINLEITUNG IST, WIE es bei vielen klassischen Werken üblich ist, in Briefform gestaltet. Wir erfahren zwar nicht den genauen Namen des Verfassers und auch nicht den seines Adressaten, ein paar Informationen bekommen wir aber dennoch.

Wann wurde der Bericht geschrieben? Nach dem Tode von König Béla jedenfalls. Dummerweise gibt es gleich mehrere Könige dieses Namens im Stammbaum der Árpáden. Wenn es Béla I. war (* um 1015/20; † 1063), müsste man den Text auf die zweite Hälfte des 11. Jahrhunderts datieren.

Die Mehrheit der Historiker datiert den Text aber auf den Zeitraum zwischen 1200 und 1230. Wenn wir das als richtig annehmen, scheidet Béla I. aus. Infrage käme Béla II., der blinde Béla (* 1110; † 1141). In seinen zehn Jahren der Regierung brachte Béla II. Ruhe ins damals recht turbulente Königreich und begann mit einem planmäßigen Kanzleiwesen Ordnung in die Verwaltung zu bringen. Nehmen wir an, die Datierung ist richtig, wäre Magister P. als sein Notarius aber recht jung für ein so wichtiges Hofamt. War dann Béla III. (* um 1148; † 24. April 1196) der erwähnte König? Der wäre vom Zeitraum recht passend.

Er baute noch stärker auf eine effiziente Verschriftlichung in der Verwaltung. Magister P., unser Chronist, war Notar. Vieles spricht also für diesen König. Dennoch gibt einen nicht enden wollenden akademischen Streit um die römische

16

Ziffer hinter dem Namen, in den ich mich sicher nicht einmischen will.

Sein Werk hält unser Magister P. für sehr wichtig. Nicht nur im Prolog spürt man, dass er es sich zur Aufgabe macht, die noch junge Nation mit ihrer Vergangenheit „ordentlich" vertraut zu machen, auf Tatsachen fußend und nicht auf Märchen oder beifallheischender Spielmannskunst.

Dass das, was er uns als „Tatsachen" präsentiert, oft nicht wirklich die tatsächlichen Ereignisse spiegelt und immer wieder von frei drehender Fabulierkunst befeuert zu sein scheint, müssen wir ihm nachsehen. Das Büchlein ist wohl kein geschichtliches Werk im modernen Sinn. Es war eher gedacht als Propaganda im Sinne des Herrschers. Das war damals gang und gäbe. Sogar heute ist es oft genug ja immer noch so, wenn es inzwischen auch meist nicht mehr so liebenswürdig naiv geschieht.

Das Buch sollte die kommenden Generationen lehren, woher sie kommen. Die Absicht verfehlte unser Magister P. zum Teil, denn über lange Zeit waren die Gesta Hungarorum verschollen.

Ihr bis heute einziges erhaltenes Manuskript wurde zwischen 1601 und 1636 in der Kaiserlichen Bibliothek zu Wien katalogisiert, neu gebunden und wieder ins Regal gestellt, nur um dort dann für ein weiteres Jahrhundert sanft zu schlummern. Erst 1746 wurde das Werk neu entdeckt, gedruckt und der Welt bekannt gemacht. Heute steht das Original in der Széchény-Nationalbibliothek in Budapest.

17

Dass es nur ein Originalmanuskript gibt, ist in einer Hinsicht sehr praktisch: Man braucht bei kleinen Abweichungen oder Fehlern nicht aus verschiedenen Quellen die richtige oder wahrscheinlichste Version auswählen. Es gibt ja nur eine.

Wer war der Adressat? Ein Schulkamerad? Ein Schüler? Gab es überhaupt einen Adressaten? Denkbar ist, dass die ganze Einleitung in Briefform nur ein Topos ist, ein Stilmittel, dass das Buch rechtfertigt, da es ja vorgibt, auf Drängen eines Freundes geschrieben worden zu sein. Das war in der Antike und im Mittelalter durchaus gängige Praxis. Anderseits ... nicht immer waren die Adressaten nur vorgeschoben. Nehmen wir mal an, es lag dem Buch tatsächlich eine reale Bitte zugrunde. Wer könnte dann an Magister P. herangetreten sein?

Unser Autor nennt sich Magister und ist Notarius, also ein hoher Verwaltungsbeamter der Regierung. Wer könnte an so jemanden mit solch einer Bitte herantreten und das auch noch mit Erfolg? Man kann vermuten, dass es jemand von besonderer Bedeutung war, denn ohne guten Grund würde der Notar seine Amtsobliegenheiten, von denen er schreibt, kaum verschieben.

Das Buch sollte die kommenden ungarischen Generationen zu lehren. Das Vorhaben misslang offenbar, allein schon, weil es so lange verschollen war. Doch wenn wir diese Absicht mit dem Adressaten in Bezug setzen, dann können wir Auftraggeber dort vermuten, wo man eine Schlüsselstelle findet, um dieses Wissen an die Jugend weiterzugeben.

Der königliche Hof ist da nicht unwahrscheinlich. Möglicherweise war es der König selbst, ein Prinz oder jemand, der die Erziehung der Prinzen organisiert, vielleicht auch ein Kollege unseres Autors, ein Lehrer. Doch wenn wir ehrlich sind: Wir fischen hier arg im Trüben und können nur mutmaßen.

Ouvertüre

Skythien

Skythien ist ein sehr großes Land, das Dentumoger[4] genannt wird. Es erstreckt sich nach Osten hin und sein Ende nach Westen reicht bis ans Schwarze Meer. Auf der anderen Seite gibt es einen Fluss mit großen Sümpfen, den Don, wo es so fantastisch viel Zobel gibt, dass nicht nur Adlige und Bürger[5] sich in ihn kleiden. Sogar die dortigen Hüter der Rinderherden, Schweinehirten und Schäfer schmücken ihre Gewänder damit.[6] Gold und Silber gibt es dort und in den Flüssen dieses Landes auch allerlei Edelsteine.

Auf seiner östlichen Seite, jenseits von Skythien, lebten die Völker Gog und Magog[7], die Alexander der Große dorthin zurückdrängte. Skythien ist in seiner Länge und Breite sehr sumpfig, und in der

---

4 Synonym für Skythien, also das Land nördlich des Schwarzen Meeres – und für seine Bewohner.

5 Hier muss ich mogeln: Magister P. bildet einen netten Gegensatz: *nobiles et ignobiles*, also *Adelige und Nichtadelige* einerseits, denen er Hirten und andere Unfreie entgegen setzt, die ganz unten in der Feudalhierarchie stehen. Die sind natürlich ebenfalls nicht adelig. Ich wählte darum *Adelige und Bürger*, auch wenn das Bürgertum weder zur geschilderten Zeit noch zur Entstehungszeit so recht passen will.

6 Zobelpelze galten schon seit der Antike als mit die wertvollsten Pelze und wurden sehr teuer gehandelt. Schon im 3. Jahrhundert v. Chr. waren Zobelfelle eine begehrte Handelsware der Skythen. Hirten in noblem Zobel mag vielleicht übertrieben klingen, aber in dieser Hinsicht hat unser Magister möglicherweise nicht ganz unrecht.

7 Diese beiden sind sowohl der Offenbarung des Johannes als auch dem Koran bekannt.

20

Tat waren die Männer, die dort wohnten, die man gemeinhin Dentumoger nennt, bis zum heutigen Tag nie der Herrschaft eines Kaisers unterworfen.

Die Skythen sind zweifellos ein altes Volk, und die Stärke Skythiens liegt, wie wir oben sagten, im Osten. Der erste König der Skythen war Magog, der Spross des Japhet[8], und diese Menschen wurden nach ihm Moger genannt. Aus seiner königlichen Linie stammte der weithin berühmte und mächtige König Attila, der im 451. Jahr der Geburt unseres Herrn von Skythien herabkam und mit einer gewaltigen Macht in Pannonien einmarschierte. Er schlug die Römer in die Flucht, nahm das Reich ein und errichtete sich eine königliche Residenz an der Donau bei den warmen Wassern[9]. Alle alten Gebäude, die er dort vorfand, ließ er instand setzen und um sie herum baute er eine sehr starke, kreisförmige Mauer, die in der ungarischen Sprache heute Budavár genannt wird, von den Deutschen aber Etzelburg.[10] So war das![11]

---

8   Magog wird als Urvater der Skythen benannt und so auch zum Stammvater der Ungarn erhoben. Da Magog auch in der „Völkertafel" (Genesis, Kapitel 10) erwähnt wird, führt Magister P. Magogs Volk und so auch den Stammbaum der Árpáden also auf Japhet zurück, den Sohn Noahs. Ein schön gehäkelter Pedigree, der leider kaum der Wahrheit entspricht.

9   Im Text steht: *„iuxta Danubium super calidas aquas"*. Dr. Martyn Rady lokalisiert dies als Budafélhévis. Das ist heute ein Stadtteil in Budapest. Ich denke aber, er irrt sich. Magister P. meint hier weit eher die Ruinen von Aquincum, das ein wenig weiter nördlich lag, bei Óbuda. Allerdings gibt es auch dort Thermalquellen.

10 Attila hatte wohl mehrere Residenzen. Ganz offenbar wird hier das römische Amphitheater von Óbuda umgedeutet, das einst zur Stadt Aquincum gehörte.

Wir werden uns an die Geschichte halten. Lange nach dieser Zeit kam Ugek, Nachkomme desselben Königs Magog. Er war der Vater des Großfürsten Álmos. Von dem leiten die Großfürsten und Könige Ungarns ihre Herkunft ab, wie im Folgenden nun dargestellt werden wird.

Die Skythen sind, wie wir sagten, in der Tat ein altes Volk. Die Historiker der Römer beschreiben sie folgendermaßen[12]: „Das skythische Volk war äußerst weise und sanftmütig. Es bearbeitete den Boden nicht und kannte kaum eine Sünde unter sich, und es hatte keine Häuser, die durch Handwerk gebaut wurden, sondern Zelte aus Fellen. Sie aßen Fleisch und Fisch, Milch und Honig und sie hatten viel Gewürz. Ihre Kleider bestanden aus Zobelpelzen und anderen wilden Tieren. Sie verfügten über Gold, Silber, Gemmen und Edelsteine, was sie alles in den Flüssen dieses Landes fanden. Fremdes Eigentum begehrten sie nicht, denn sie waren alle reich, hatten viele Tiere und genügend Proviant. Auch gab es keine Ehebrecher, denn ein jeder kannte nur seine eigene Frau."

Später jedoch wurde dieses Volk im Krieg zermürbt und, wie einige Historiker erzählen, so

---

11 Hier und an vielen anderen Stellen beendet Magister P. seine Schilderungen mit *„quid ultra?"* oder *„quid pluris?"*, also mit der verkürzten Frage: *Was darüber hinaus?* oder *Was mehr?* Das ist so kaum sinnvoll zu übersetzen. Wenn wir aber diese Formeln aber ergänzen *„Quid plura/ultra scribere possum?"*, heißt es: *„Was mehr kann ich darüber schreiben?"*, wäre es eine Bekräftigung der Darstellung, so dass darüber eine weitere Diskussion nicht sinnvoll ist. Ich habe es darum sehr schlampig und doch sinngemäß ersetzt und schreibe: *„So war das!"*

12 Das bezieht sich vermutlich auf die Schrift *epitoma historiarum philippicarum* von Justinianus aus dem zweiten oder dritten Jahrhundert.

grausam, dass es im Zorn Menschenfleisch aß und deren Blut trank. Ich glaube aber, dass man an ihren Nachkommen erkennen kann, dass sie ein starkes Volk waren.

Das skythische Volk wurde nie von einem Kaiser unterjocht. Darius, den König der Perser, schlugen die Skythen mit größter Schmach in die Flucht. Darius verlor dabei 80.000 Mann und floh mit vollen Hosen nach Persien zurück. Als Nächstes rangen die Skythen den Perserkönig Cyrus mit seinen 330.000 Mann nieder. Und schließlich verließ sogar Alexander der Große kleinlaut das Land, der Sohn von König Philipp und Königin Olympia, der so viele Königreiche in seinen Kriegen erobert hatte.

Die Skythen waren zäh, sodass sie alle Mühen ertrugen. Sie waren von großem Körperbau und kühn im Kriege. Nichts auf der Welt fürchteten sie, allenfalls, dass sie wegen einer Verletzung unterliegen könnten. Wenn die Skythen einen Sieg errangen, wünschten sie sich keine Beute, wie es ihre Nachkommen heute tun, sondern wollten nur Lob dafür. Wenn wir einmal von Darius, Cyrus und Alexander absehen, hat kein Volk der Welt es je gewagt, ihr Land zu betreten. Diese Skythen waren in der Tat harte Kämpfer, auf schnellen Reittieren und mit behelmten Köpfen, sie waren besser mit Pfeil und Bogen als alle anderen Völker der Welt und du wirst wissen, dass dies auch auf ihre Nachkommen überging.

Auch wenn es weit von den warmen Landen entfernt ist, so ist das skythische Land dennoch gesund und sorgt für reichlichen Nachwuchs.

Doch obwohl es sehr weitläufig ist, reichte es immer noch nicht aus, um die Menge der dort gezeugten Menschen zu ernähren oder zu erhalten. Aus diesem Grund litten die sieben Fürsten, die Hetumoger genannt werden, sehr unter der Enge des Landes. Sie sannen intensiv über eine Lösung nach. Dann beschlossen diese sieben Fürsten in gemeinsamer Beratung das Land ihrer Geburt zu verlassen und für sich selbst so viel Gebiet zu nehmen, wie sie bewohnen konnten, wie ich im Folgenden darstellen werde.

Warum sie Ungarn genannt werden

Ach ja … Warum werden die Menschen, die aus dem Skythenland aufbrachen, Ungarn genannt? Die Ungarn werden nach der Burg Ung[13] so genannt, wo die sieben Fürsten eine Zeit lang blieben, als sie die Slawen unterwarfen, ehe sie das Land Pannonien betraten. Aus diesem Grund nannten alle Völker ringsum Álmos, den Sohn des Ugek, den Fürsten von Ungvár – der Burg Ung, und sie nannten seine Krieger Ungvarier. So war das! Nachdem dies geklärt ist, kehren wir zu unserer Aufgabe zurück, halten an unserer Geschichte fest und beenden, wie der Heilige Geist befiehlt, die begonnene Arbeit.

---

13 Die Burg Ung, eine Grenzfestung Pannoniens. Heute Uschhorod in der Ukraine.

Anmerkungen

DIESE BEIDEN KAPITEL WIDMEN sich vor allem dem Land der Skythen. Magister P. versucht von Anfang an, die Ungarn über die Hunnen in direkter Nachfolge der reichen, tapferen und ruhmreichen skythischen Krieger darzustellen. Das betont er im Laufe des Buches in seiner schulmeisterlichen Manier so oft, dass ich versucht war, den Text an diesen Stellen zu kürzen, konnte dem Drang dann aber doch widerstehen.

Wer waren die Skythen und Hunnen für Magister P.? Mir scheint, er unterscheidet nur scheinbar zwischen den beiden Völker und den Magyaren, denn er geht nicht nur von einer direkten Erblinie aus. Für ihn sind die drei Namen nur verschiedene Bezeichnungen für dasselbe Volk zu verschiedenen Zeiten. Letztlich ist es für ihn alles derselbe Volksstamm – die Bewohner des Skythenlandes nördlich des Schwarzen Meeres, egal, wie die Völker genannt werden. Er lässt dabei jedoch völlig außer Acht, dass all diese Völker zu ver-

25

schiedenen Zeiten dorthin gezogen sind. Moderne Historiker unterscheiden darum inzwischen ein wenig genauer.

Immerhin: Die Skythen waren, ebenso wie später die Hunnen und noch später die Magyaren, ein nomadisierendes Reitervolk aus dem Osten. Es gibt tatsächlich viele Gemeinsamkeiten. Dass eine weitläufige Verwandtschaft besteht, kann man vermuten. Dass bei den Steppenvölkern ein kultureller Austausch stattfand, gilt sogar als sicher.

Dennoch gibt es Unterschiede und man sollte die Völker schon auseinanderhalten. Der Ursprung der Skythen lag wohl in der südlichen Mongolei. Der Ursprung der Hunnen ist nach wie vor unklar, allenfalls kann man ihn vage in Zentralasien verorten. Die ursprüngliche Heimat der finno-ugrischen Volksstämme, zu denen die Ungarn zu rechnen sind, lag wohl auf der Ostseite des Ural. Von dort zogen verschiedene Stämme nach Norden, um schließlich in Finnland zu siedeln, andere wandten sich südwärts und kamen wohl tatsächlich in das Land, das zuvor schon die Skythen besiedelt hatten, nördlich des Kaspischen Meeres bis hin zum Schwarzen Meer.

Wie manche anderen Autoren vergisst Magister P. in dieser Reihe übrigens völlig die Awaren, ebenfalls ein Reitervolk aus der Steppe, das nach den Hunnen westlich der Karpaten ein großes Reich gegründet hatte. Sie waren nicht sehr zahlreich, stellten aber für rund zwei Jahrhunderte die Oberschicht.

Die Awaren sind ein wenig schwerer einzusortieren. Verwandtschaft zu Hunnen und Magyaren besteht sicher, da ist sich die Geschichtsforschung einig. Manche Wissenschaftler wollten sie als „weiße Hunnen", sozusagen als Späthunnen diesem Volk zuordnen, andere sahen sie eher als Protomagyaren. Die Wahrheit? Ich weiß es nicht. Und unser Chronist kennt sie offenbar überhaupt nicht – oder er lässt sie absichtlich unter den Tisch fallen.

Man mag es unserem Autor nachsehen. Immerhin ist Magister P. da nicht schlimmer als andere Historiker seiner Zeit. Über das, was „da hinten" am Schwarzen Meer so alles los war, hatten die Geschichtsschreiber in den fernen Metropolen der Gelehrsamkeit weder genügend Wissen noch war es von mehr als marginalem Interesse. So verwechselten sie immer wieder die Völker und warfen alles solange durcheinander, bis sich keiner mehr auskennen konnte. So kommt es, dass sich heute Forscher an manchen Stellen immer noch fragen, wer genau da gemeint gewesen sein könnte.

Es ist aber unübersehbar, dass Magister P. die sonst so gerne geschmähten Hunnen in ein möglichst gutes Licht zu setzen versucht. Die wilden Reiter, die die Welt sonst als blutrünstige Satansbrut und Heimsuchung kennt, als die „Geißel Gottes", werden bei ihm zu heroischen Ahnen der kaum weniger tüchtigen Magyaren. Tatsächlich waren ja auch diese eine kaum geringere Plage für die europäischen Völker, bis sie sich auf dem Lechfeld eine blutige Nase holten.

Für unseren Magister tragen die Magyaren das Erbe der Hunnen und Skythen weiter und alle

Tugenden dieser Völker leben in ihnen fort: Einerseits stark, zu Recht gefürchtet und hin und wieder auch ein wenig blutrünstig, aber andererseits auch frei, stark und sanft. Der Typus des „edlen Wilden" treibt hier wieder einmal froh seine bunten Blüten. Seit der Germania des Tacitus ist diese Wurzel wohl unausrottbar und grünt immer wieder auf Neue – ein von Wunschdenken gedüngtes, zähes Kräutlein im Beet der Kulturkritik.

Diese eher positive Sicht auf die hunnischen Steppenreiter ist auch heute noch durchaus lebendig. So ist Attila als Name wohl in den meisten Ländern eher ungebräuchlich und hat immer noch einen üblen Klang. In Ungarn aber ist er nicht nur ein geläufiger Name, in den 2000er-Jahren war es wohl auch einer der gebräuchlichsten Vornamen in Ungarn. Meines Wissens ist er nur mehr in Teilen Rumänien und Bulgariens und der Türkei üblich, aber längst nicht so häufig.

Zum Ende des Abschnitts präsentiert Magister P. seine Herleitung des Begriffs „Ungar". Hier irrt unser Autor, und zwar gründlich. Der Begriff „hungarus" hat wohl zwei Quellen. Zum einen geht er auf das spätantike Volk der Onoguren zurück, die wohl in Bulgarien am Schwarzen Meer als Vasallen von Byzanz lebten, zum anderen auf die Hunnen. Dies alles wurde von den mittelalterlichen Gelehrten im Westen in ihrer Ungenauigkeit froh vermischt. Am Ende kamen die Hungaren heraus – die Ungarn.

Allerdings: Die Burg Ung gab es und sie und ihr gleichnamiger Bezirk waren lange ein Teil Ungarns. Heute ist es Uschgorod und gehört zur Uk-

raine. Die Herleitung der Bezeichnung für die Magyaren von dieser Burg ist aber Unfug.

Immerhin spielt unser Magister P. seine Karte geschickt aus, denn „vár" heißt auf Ungarisch „Burg", die Burg Ung, dann also „ungvár", was klanglich schon nahe an Ungar liegt. Dennoch ist es so falsch, dass sich bei Sprachwissenschaftlern die Zehennägel kräuseln.

Genug erklärt, lesen wir, wie es weitergeht.

Fürst Álmos

Die Geburt von Álmos

Im 819. Jahr der Geburt unseres Herrn nahm Ugek[14] im Lande Dentumoger ein Weib, die Tochter des Fürsten Eunedubelian. Er war, wie oben erwähnt, aus der Familie des Königs Magog und war lange Zeit nach diesem der edelste Fürst in Skythien.

Mit seinem Weib Emesu zeugte Ugek einen Sohn, der den Namen Álmos erhielt. Der Name Álmos stammt von einem göttlichen Ereignis: Als seine Mutter nämlich schwanger war, erschien ihr im Traum eine göttliche Vision in Form eines Raubvogels, der zu ihr kam und sie schwängerte. Sodann verkündete ihr der Vogel, aus ihrem Schoß werde ein reißender Strom entspringen und aus ihren Lenden würden ruhmreiche Könige hervorgehen, die sich aber in ihrem Land nicht vermehren würden. Also wurde der Sohn Álmos genannt, weil ein Traum in der ungarischen Sprache almu[15] heißt und seine Geburt in einem Traum vorhergesagt wurde. Oder er wurde Álmos genannt, das heißt heilig, weil heilige Könige und Fürsten aus seiner Linie geboren wurden.[16] So war das!

---

14 Andere Quellen nennen den Vater Előd und die Mutter Emese.
15 Das muss wohl ein altes Ungarisch sein, heute heißt es álom.
16 Magister P. verbindet den Namen kühn mit dem lateinischen Wort „almus", was tatsächlich heilig bedeutet. Einen Pluspunkt für Originalität gebe ich dafür immerhin.

Fürst Álmos

Als Fürst Álmos der Welt geboren war, machte Fürst Ugek und seine Verwandten glücklich. Ja, fast alle der Edelleute Skythiens freuten sich sehr über den Sohn Ugeks aus der Linie von König Magog. Álmos hatte ein hübsches Gesicht, war von dunklem Teint und er hatte große, dunkle Augen. Er war groß, von schlanker Statur und hatte ungewöhnlich große Hände und breite Finger.

Álmos war fromm, gütig, großzügig, weise, ein guter Soldat und zauberte allen ein Lächeln ins Gesicht, die zu jener Zeit im Skythenreich lebten. Als er dann volljährig wurde, wurde er, gerade so, als wäre er vom Heiligen Geist beschenkt – und das, obwohl er ein Heide war – mächtiger und weiser als alle Fürsten Skythiens, sodass diese all ihre Stammesangelegenheiten im Reich damals mit seinem Rat und seiner Hilfe regelten.[17]

Fürst Álmos nahm sich, als er volljährig wurde, eine Frau, die Tochter eines edlen Fürsten[18] in jenem Land, mit der er einen Sohn namens Árpád zeugte. Den nahm er mit nach Pannonien, wie ich gleich berichten werde.

---

17 Álmos Superstar ... Man erkennt hier aber auch einen Hinweis auf seine Stellung als Kende, einer Art Schamane.

18 Seltsamerweise kennt Magister P. nicht den Namen der Frau von Álmos, der Mutter Árpáds. Der Legende nach hieß sie Enéh.

Die Wahl zum Großfürsten Álmos

Das ungarische Volk war tapfer und im Kriegshandwerk überaus mächtig, denn es stammte, wie wir oben feststellten, vom Volk der Skythen ab, das in seiner eigenen Sprache Dentumoger genannt wird. Ihr Land war aufgrund der dort stark angewachsenen Bevölkerung so voll, dass es, wie wir oben schilderten, nicht ausreichte, um alle zu ernähren oder zu erhalten.

So berieten sich die sieben Fürsten, die bis heute als Hetumoger bezeichnet werden. Sie fanden diese Zwangslage unerträglich und fassten den Beschluss, ihre Heimatscholle zu verlassen, um für sich ein neues Land in Besitz zu nehmen. Auch mit Krieg und Waffen wollten sie nichts unversucht zu lassen, um es zu besiedeln. Am Ende entschieden sie sich für das Land Pannonien, von dem sie aber nur flüchtige Kenntnis hatten, nämlich, dass es das Land König Attilas war, von dessen Linie Fürst Álmos, Árpáds Vater, abstammte.

Diese sieben Fürsten erkannten in einer gemeinsamen Beratung aber, dass sie die beabsichtigte Reise nicht zu Ende führen konnten, wenn sie nicht einen Kommandanten und Anführer unter sich hatten. So erwählten sie aus freiem Willen und im gemeinsamen Einvernehmen aller Sieben den Fürsten Álmos, Sohn des Ugek und auch seine Söhne und deren Söhne bis ins letzte Glied zu Großfürsten und Anführern, denn Álmos war der Sohn des Ugek, und diejenigen, die von seinen

Verwandten abstammten, waren von edelster Geburt und überaus kampfkräftig.

Die sieben Fürsten waren von Geburt an adlig, erfahren im Krieg und fest in ihrer Treue. Sie sprachen einmütig zu Großfürst Álmos:

„Von heute an wählen wir dich als Großfürst und Anführer, und wohin dich dein Schicksal führt, dahin werden wir dir folgen."

Danach legten seine Männer auf Fürst Álmos einen Eid ab und bestätigten ihn auf heidnische Art, indem sie ihr Blut in einem Gefäß mischten und vergossen. Obwohl sie Heiden waren, hielten sie sich dennoch an den Eid, den sie einander leisteten, bis sie starben.

Der Eid der Fürsten

Der erste Teil des Eides besagte, dass sie und ihre Nachkommen, solange sie lebten, immer einen Fürst aus der Linie des Großfürsten Álmos haben würden.

Im zweiten Teil des Eides schworen sie, dass man keinem von ihnen ein Anteil an den Gütern, die sie aus eigener Kraft erwerben konnten, verweigert werden dürfe.

Im dritten Teil des Eides hieß es, dass die Fürsten, die Álmos aus freiem Willen zu ihrem Herrn gewählt hatten, ebenso wie ihre Söhne nie und nimmer vom Rat des Fürsten und der Gunst des Herrschers ausgeschlossen werden sollten.

Der vierte Teil des Eides besagte: Wenn ein Teil ihrer Nachkommen dem Großfürsten untreu sein und Zwietracht zwischen dem Großfürsten und seinen Verwandten schüren sollte, dann sollte das Blut des Schuldigen vergossen werden, genau wie auch das Blut in dem Eid vergossen wurde, den sie Großfürst Álmos geschworen hatten.

Der fünfte Teil des Eides lautete: Sollte einer der Nachkommen des Fürsten Álmos und der anderen Fürsten versuchen, Teile ihres Eides zu brechen, so komme ewiger Fluch über sie. Und so lauteten die Namen der sieben Männer:

- Álmos, Vater von Árpád
- Előd, Vater von Szabolcs, von dem das Haus Saacs abstammt.
- Kund, Vater von Korcán
- Ond, Vater von Ete, von dem die Häuser Calan und Colsoy abstammen.
- Tosu, Vater von Lél
- Huba, von dem das Haus Zemera abstammt.
- und schließlich Tétény, Vater von Horka, dessen Söhne Gyula und Zombor waren. Von denen stammt das Haus Maglout ab, wie ich später noch ausführen werde.

So war das!
Wir werden an unserer Geschichte festhalten.

Anmerkungen

HIER LERNEN WIR NUN also Álmos, kennen, unsere erste große Hauptperson. Er war und ist ein legendärer Held der Ungarn und war ihr erster Großfürst. Wie es bei echten Helden, die die Geschichte umzuschreiben gedenken, gerne geschieht, ist schon sein Eintritt in die Welt von Wundern umrankt. Bereits sein Name ist hierfür ein Hinweis, wenn auch ein anderer, als unser Magister es vermutet. Die jüngere Forschung meint, er bedeutet: Von Gott erhalten.

Zwar war sein Erzeuger nicht direkt ein Gott, aber immerhin das heilige Totemtier der Magyaren, ein Turul-Vogel. Das ist nicht von ungefähr ein Raubvogel. Schon die Skythen und viele andere Reitervölker aus der asiatischen Steppe verehrten solche Greifvögel. So war er auch bei den Ungarn ein sehr wichtiges Totem-Tier. Dieses Tier der Stärke und des Glücks ging in die Volkskunst ein, überlebte dort die Christianisierung, indem es sich als harmloses Ornament tarnte. Immer wieder lebte es auf, wenn die Umstände es erlaubten. Vor allem auch in der programmatischen Staatskunst der Ungarn. Ein sehr monumentales Beispiel ist der aggressive Turul-Vogel, der mit der ungarischen Krone und einem Schwert hoch über Tatabánya wacht. Von der Autobahn M1 ist er gut zu sehen. Es lohnt sich, mit offenen Augen durch Ungarn zu laufen und nach ihm zu suchen. Man findet ihn oft, auf Dächern in Ziegelornamenten, in Bronze gegossen, in Stickereien, Schnitzereien und auf vielen vaterländischen Denkmälern.

Dieser Totemvogel der Ungarn also zeugte ihren ersten Großfürsten. Parallelen zu antiken Heldenzeugungen liegen nahe, und auch an Mariä Empfängnis darf man denken.

Offensichtlich ist es Magister P. hier sehr wichtig, Großfürst Álmos als einen ganz besonderen Menschen auszuzeichnen, um so auch seinen Nachkommen eine bedeutende Rolle in der Geschichte zuzuschreiben – natürlich gemäß dem Willen der göttlichen Vorsehung. So zeichnet er das Bild eines Wunderkinds, das zwischen Wonneproppen und Superstar changiert.

Was war Álmos nun aber tatsächlich? Welche Aufgabe hatte er? Nach verschiedenen Quellen kannten die Magyaren in ihrer halbnomadischen Lebensweise ein duales Anführerprinzip: Es gab einen sakralen oder spirituellen Führer, den Kenden und neben diesem den Gyula, einen „Kriegsfürsten". Dieser Gyula stand den Kriegern vor, erledigte aber auch das Tagesgeschäft. Für die Entscheidungen von großer Tragweite, für die man überirdischen Beistand brauchte, war hingegen der Kende verantwortlich. Er nahm also die Aufgaben eines Schamanen wahr. Man nimmt an, dass Álmos ein solcher Kende war.

Er war es wohl auch, dem es gelang, um 850 oder etwas später die ungarischen Stämme zu einen. Zumindest sieben von ihnen. Diese geeinten Stämme beschließen, sich hinter dem Ural eine neue Heimat zu suchen. Dass die sieben Stammesfürsten Pannonien aber nur aus Erzählungen als Reich von Attila kannten, wie es unser Chronist schildert, ist kaum anzunehmen. Die Magyaren waren schon vor der Landnahme europaweit operierende Handlungsreisende in Sachen Gewalt und Plünderung. Sie arbeiteten ebenso gern im Auftrag anderer Herrscher wie auf eigene Rechnung und waren schon zuvor weit herumgekommen. Immer wieder mussten sie auf ihren Streifzügen dabei auch durch Pannonien gekommen sein. Man darf getrost davon ausgehen, dass der Fürstenrat sich nicht ohne ausreichende Kenntnisse auf dieses Abenteuer einließ.

Die sieben Fürsten wählen für ihren Exodus Álmos als Anführer und leisteten ihm den Treueid. Hier beweist unser Magister, dass er als Notar wirkte: Den Vertrag schildert er sehr ausführlich und in erfrischender Klarheit. Eines sticht mir hier sehr deutlich ins Auge. Die herausragende Bedeutung des „Rates".

Die Stämme und ihre Fürsten ordnen sich zwar unter, doch sie haben auch starke Rechte: Ihnen und ihren Erben ist ein Platz im Rat des Großfürsten, so müssen wir den Chef der Stammesfürsten nun wohl nennen, garantiert. Man kann sie also nicht einfach von der Macht ausschließen.

Und dieser Rat hat bei Magister P. tatsächlich Macht. Dieses Motiv wird sich durch das Buch ziehen. Wann immer auch der Großfürst Anordnungen von einiger Tragweite trifft, tut er dies in Abstimmung mit diesem Rat. Wer die durchaus temperamentvollen Ungarn kennt, kann sich ausmalen, dass diese Entscheidungen nicht immer in harmonischer Eintracht gefällt wurden. So mag dieser Fürstenrat vielleicht auch lästig gewesen *sein, doch offenbar konnte man nicht an ihm vorbei regieren.*

Die sieben Stammesfürsten wählen sich Álmos zu ihrem Großfürsten. Das ist glaubhaft. Weniger wahrscheinlich ist aber, dass sie seinen noch ungeborenen Nachfahren so sehr trauen, dass sie auch ihnen die Gefolgschaft schwören. Und dennoch wird dies berichtet. Ist das nur eine fromme Erfindung unseres Magisters? Versucht er das Erbrecht der späteren Landesherren so schon auf angeblich alte Bräuche und heilige Schwüre zurückzuführen? Oder muss man annehmen, dass sein Held Álmos einfach die größte Hausmacht besaß und so diese Regelung durchsetzen konnte? Wir können es nur raten.

Magister P. nennt uns diese sieben Stammesfürsten, die Hetumoger, beim Namen. Es sind Álmos, Előd, Kund, Ond, Tosu, Huba und Tétény. Andere Quellen kennen sie auch unter anderen, teils aber sehr ähnlichen Namen.

Noch etwas fällt auf. Dieser Schwur ist so genau und detailliert aufgeführt, dass sich eine Frage aufdrängt: Kannten die Magyaren eine Schrift? Unser Magister beruft sich ja auf Aufzeichnungen – de certa scripturarum explanatione. Tatsächlich gibt es die rovásírás, die alte Runenschrift der Magyaren. Wann sie die Magyaren lernten ist unklar. Doch da diese Schrift eine Variante der Turkschriften ist, und die Magyaren vor allem im 7. und 8. Jahrhundert mit Turkvölkern regen Kontakt hatten, ist stark anzunehmen, dass sie sie bei der Landnahme schon kannten. Im Karpatenbecken findet man seit dem 10. Jahrhundert vereinzelte

Inschriften. Egal, ob die Ungarn diese Runen, lateinische oder griechische Letter benutzten, sie könnten schreiben. Von einer Alphabetisierung, wie wir sie kennen kann man aber nicht ausgehen, doch wieso sollte sich nicht jeder Stamm ein oder zwei Schriftkundige leisten?

Ist der Eid authentisch? Ich habe meine Zweifel. Zu gut passt er ins Gesamtkonzept und unser lieber Magister nimmt es durchaus nicht so genau mit der historischen Wahrheit, was immer er auch schreibt. Ich zweifle also, doch wissen kann ich es natürlich nicht.

Kehren wir nun zu unserem Erzähler zurück.

Auf nach Westen

Der Aufbruch

Im 884. Jahr der Geburt unseres Herrn, so steht es in den Annalen, brachen die sieben Fürsten, die Hetumoger, vom skythischen Land in Richtung Westen auf. Ihr Anführer und Ratgeber war der unvergessliche Großfürst Álmos, Sohn des Ugek, aus der Linie des Königs Magog[19]. Er zog los, zusammen mit seiner Frau und seinem Sohn Árpád und den beiden Söhnen seines Onkels Hulek, nämlich Zuárd und Kadusa, sowie mit einer riesigen Menge von Menschen aus derselben Gegend, die ihm verbunden waren.

Nach tagelanger Reise durch leere Ödnis durchschwammen sie auf heidnischer Art mit Lederbeuteln als Floß den Fluss Etyl[20]. Nie stießen sie auf einen Weg, der zu einer Stadt oder einer Ansiedlung führte. Sie aßen keine mühsam angebauten Vorräte, wie es ihr Brauch war, sondern ernährten sich von Fleisch und Fisch, bis sie das Land der Ruthenen erreichten, das Suzdal genannt wird. Ihre jungen Männer jagten fast jeden Tag. Von diesem Tag an bis heute sind die Ungarn bei der Jagd besser als andere Völker.[21] So kamen

---

19 Jaja, wir wissen es doch!
20 Vermutlich ist die Wolga, vielleicht auch der Fon gemeint.
21 Ist Magister P. ein Chauvinist? Ich fürchte, bei aller Sympathie für unseren Autor, muss ich diese Vermutung bestätigen. Das ganze Werk ist auch ein Stück Propagandaliteratur, das die Überlegenheit der Ungarn in nahezu allen Gebieten zeigen will und diese auf göttlichen Willen zurückführt. Der rechtfertigt dann auch die nicht immer friedliche Landnahme.

Fürst Álmos und seine eigenen Leute nach Ruthenien, in die Gegend, die Suzdal[22] heißt.

Ruthenien

Bei ihrer Ankunft in den Ländern der Ruthenen erreichten sie ohne jeden Widerstand die Stadt Kiew. Hinter Kiew, wo sie den Fluss Dnjepr überquert hatten, machten sie sich daran, das Reich der Ruthenen zu erobern.

Als die Stammesfürsten der Ruthenen davon erfuhren, fürchteten sie sich sehr, denn sie hatten gehört, dass Fürst Álmos, Sohn des Ugek, aus der Linie des Königs Attila stammte, dem ihre Vorväter jedes Jahr Tribut gezollt hatten. Dennoch beschlossen der Fürst von Kiew und alle Anführer in einem Kriegsrat, gegen Großfürst Álmos zu kämpfen und lieber im Krieg zu sterben, als ihr eigenes Reich zu verlieren und ihm gegen ihren Willen unterworfen zu werden.

So schickte der Fürst von Kiew Gesandte und bat die sieben Fürsten der Kumanen, seine treuesten Freunde, um Hilfe. Diese sieben Fürsten – Ed, Edum, Etu, Bunger, Ocsád, der Vater von Ösúr, Boyta und Ketel, der Vater von Alaptolma – zogen nun unverzüglich los, begleitet von einer großen Schar von Reitern, um dem Fürsten von Kiew in Freundschaft gegen Fürst Álmos beizustehen. Als nun der Fürst von Kiew mit seiner Armee begann,

---

22 Es gibt eine sehr alte russische Stadt namens Susdal, etwa zweihundert Kilometer östlich von Moskau. Ist sie gemeint? Von da aus wäre es sehr weit nach Süden zur nächsten Station, nach Kiew. Ich glaube kaum, dass unser Magister dieses Susdal im Sinn hatte. Vielleicht hat er sie mit einer anderen Stadt verwechselt.

gegen Álmos vorzurücken und von den Kumanen unterstützt wurde, rüstete sich auch Fürst Álmos, um ihm mit seinem Heer entgegenzutreten.

Álmos, dem der Heilige Geist beistand, ordnete seine Truppen und gab seine Befehle für die Schlacht. Dann stieg er auf sein Pferd, ermutigte hier und dort seine Krieger und sprach schließlich vor dem Angriff zu all seinen Mannen: „Skythen, meine Kriegskameraden und wahrlich tapfere Männer, denkt an den Beginn eurer Wanderungen. Ihr habt gesagt, das Land, in dem ihr euch niederlassen würdet, würdet ihr mit Waffen und Krieg einnehmen. Lasst euch daher nicht von den Heerscharen der Ruthenen und Kumanen beunruhigen. Sie sind wie unsere Hunde. Ziehen denn nicht Hunde zitternd den Schwanz ein, wenn sie die Worte ihrer Herren hören? Die Kraft liegt nicht in der Zahl eines Volkes, sondern in der Entschlossenheit des Geistes. Ihr wisst doch, dass ein einziger Löwe viele Hirsche in die Flucht schlagen kann, wie der Philosoph[23] sagt. Ich sage euch kurz und knackig: Wer kann gegen die Krieger Skythiens bestehen? Haben die Skythen nicht Dareios, den König der Perser, in die Flucht geschlagen? Floh er nicht in Furcht und größter Schande nach Persien? Hat er nicht 80.000 Mann verloren? Und Cyrus? Hat nicht der Skythenkönig diesen König der Perser mit seinen 330.000[24] Mann vernichtet? Und haben die Skythen nicht sogar einmal Alex-

---

23 Die Stelle kann nicht zugeordnet werden, wird aber vermutlich Aristoteles untergeschoben, der in der Scholastik als „der Philosoph" galt. Es bleibt unklar, wieso ein Kende aus der Steppe solch spezifisches Wissen haben sollte. Hier ist unser Magister wohl ein bisschen schlampig.

42

ander den Großen, den Sohn von König Philipp und Königin Olympia, der so viele Reiche erobert hat, in die Flucht geschlagen? Lasst uns also tapfer und mutig gegen diese Gegner kämpfen, die unseren Hunden gleichen und ihre Anzahl ebenso fürchten, wie die eines Fliegenschwarms."

Als sie dies hörten, waren die Krieger von Großfürst Álmos sehr ermutigt, und sofort erschollen auf allen Seiten die Kriegstrompeten. So trafen die Reihen der Feinde aufeinander, und es entbrannte ein heftiger Kampf. Viele Ruthenen und Kumanen wurden getötet. Als die Fürsten der Ruthenen und Kumanen erkannten, dass sie die Schlacht verloren, wandten sie sich zur Flucht und eilten Hals über Kopf in die Stadt Kiew zurück, um ihr Leben zu retten. Großfürst Álmos und seine Krieger setzten den Ruthenen und Kumanen bis zur Stadt Kiew nach und Álmos' Krieger zerschlugen den Kumanen die geschorenen Köpfe wie frische Kürbisse. Die Fürsten der Ruthenen und Kumanen, die die Stadt betreten hatten, sahen die Tapferkeit der Skythensöhne[25], blieben in der Stadt und schwiegen.

Frieden mit den Ruthenen

Nachdem der Sieg errungen war, nahmen sich Großfürst Álmos und seine Krieger die Lande der Ruthenen und ihre Güter.

---

24 Die Zahlen sind immer mit Vorsicht zu genießen, und in solchen Reden erst recht, Hier gilt: Viel Feind – viel Ehr.

25 Ich will hier nicht die Völker der Skythen und Magyaren so großzügig in einen Topf werfen, wie Magister P. es tat. Ich ersetze hier „Skythen" durch „Skythensöhne". Das scheint mir als Kompromiss akzeptabel.

In der zweiten Woche begannen sie, die Stadt Kiew zu belagern. Als sie anfingen, ihre Leitern an die Mauer zu stellen, sahen die Fürsten der Kumanen und Ruthenen die Tapferkeit der Skythen und es überkam sie große Furcht. Sie erkannten, dass sie ihnen nicht widerstehen konnten.

So schickten der Fürst von Kiew und die anderen Fürsten der Ruthenen und der Kumanen Gesandte und baten Großfürst Álmos und die Anführer, mit ihnen Frieden zu schließen. Als die Gesandten zu Fürst Álmos kamen und ihn baten, ihre Herren nicht aus ihren Häusern zu vertreiben, beriet sich Fürst Álmos mit seinen Männern. Dann schickte er die Gesandten zu den Ruthenen zurück: Die Fürsten und Edlen sollten ihre erstgeborenen Söhne als Geiseln geben, sie sollten jedes Jahr einen Tribut von 10.000 Mark und zusätzlich Essen, Kleidung und andere Gebrauchsgüter zahlen. Die Fürsten der Ruthenen räumten – wenn auch zähneknirschend – all diese Dinge ein.

Die Ruthenen fragten den Fürsten aber auch, ob sie das Land Galizien beim Wald von Havas[26] nach Westen nicht verlassen wollten, um nach Pannonien zu kommen, wo zuvor König Attilas Reich gewesen war. Sie berichteten ihnen, das Land Pannonien sei ganz außergewöhnlich geeignet für sie. Sie erzählten, dass dort vortreffliche Ströme flössen, die Donau und die Theiß. Auch andere reiche Wasserläufe voller guter Fische gebe es. Dort lebten Slawen, Bulgaren und Wallachen und die römische Hirten. Denn nach dem Tode Attilas sagten die Römer, das Land Pannonien sei

---

26 Gebirgszug im Nordosten den Karpaten.

44

Weideland und ließen dort ihre Herden weiden. So kann man zu Recht das Land Pannonien das Weideland der Römer nennen und die Römer wurden von den Gütern Ungarns genährt.[27] So war das.

Die sieben Fürsten der Kumanen

Fürst Álmos beriet sich mit seinen Anführern. Sie stimmten dem Ersuchen der ruthenischen Fürsten zu und schlossen Frieden mit ihnen.

Daraufhin gaben diese, namentlich die von Kiew und Susdal, Fürst Álmos ihre Söhne als Geiseln und schickten 10.000 Mark[28] und tausend Pferde mit ruthenisch geschmückten Sätteln und Zaumzeug, hundert Knaben und vierzig Kamele als Lastenträger, unzählige Hermelin- und Nerzfelle und viele andere Geschenke mit.

Als die bereits erwähnten Stammesführer der Kumanen, nämlich Ed, Edum, Etu, Bunger, Vater von Borsu, Ocsád, Vater von Ösúr, Boyta, von dem die Blutsverwandten von Brucsa abstammen, und Ketel, Vater von Alaptolma, sie alle schmissen sich zu seinen Füßen zu Boden, als sie sich die Freundlichkeit sahen, mit der Fürst Álmos die Ru-

---

27 Diese seltsame Stelle von der Weide Roms ist wohl nicht nur hier zu finden, bleibt aber rätselhaft.

28 Nein, ich habe hier schon richtig übersetzt. Dort steht: decem milia marcarum. Ich fürchte, hier hat sich wieder ein Anachronismus eingeschlichen. Zwar gab es schon im frühen neunten Jahrhundert mit Marken unterteilte Handelsgewichte. Doch für den Edelmetallhandel setzten sich verschiedene Mark-Einheiten, also stangenförmige Barren mit regelmäßigen Markierungen zur Ein- bzw. Aufteilung – erst im 11. Jahrhundert durch, besonders für Silber. Eine Mark entsprach rund 250g, je nach Region etwas mehr oder weniger.

thenen behandelte, und sie unterwarfen sich freiwillig Großfürst Álmos mit diesen Worten:

„Von heute an erwählen wir dich zum Herrn und Meister für uns und all unsere Nachkommen. Wohin dein Glück uns führt, dorthin wollen wir dir folgen."

Was sie nur mit Worten Fürst Álmos versichert hatten, bestätigten sie in heidnischer Manier mit einem heiligen Eid, und Fürst Álmos und seine führenden Männer banden sich in gleicher Weise an sie. So erklärten sich die sieben Kumanenhäuptlinge zusammen mit ihren Frauen und Söhnen und einem großen Heer bereit, mit nach Pannonien zu ziehen. In ähnlicher Weise kamen auch viele Ruthenen, die sich Fürst Álmos anschlossen, mit ihm nach Pannonien. Ihre Nachkommen leben noch heute an verschiedenen Orten in Ungarn.[29]

Die Städte Lodomer und Halytsch

So brachen Fürst Álmos und die anderen Stammesfürsten, die Hetumoger genannt werden, in Kiew auf, zusammen mit den Stammesführern der Kumanen und mit all ihren Verwandten, Dienern und Dienerinnen. Sie kamen unter der Führung der Kiewer Ruthenen in die Stadt Lodomer[30]. Der Fürst von Lodomer und seine Hauptleute zogen mit kostbaren Geschenken an die Grenzen des Landes, um Fürst Álmos zu treffen und öffneten ihm sogar die Tore der Stadt.

---

29 Das ist nicht unwahrscheinlich. Tatsächlich kam wohl ein eher buntes Völkergemisch ins Karpatenbecken, wobei die Magyaren nur die Oberschicht stellte. Dennoch galt: Vielfalt vor Einfalt!
30 Heute bei Wolodymyr-Wolynskyj.

Fürst Álmos blieb mit all seinen Männern drei Wochen lang an diesem Ort. In der dritten Woche gab der Herr von Lodomer seine beiden Söhne Fürst Álmos als Geiseln und mit ihnen alle Söhne seiner Gefolgsleute. Darüber hinaus überreichte er dem Fürsten und seinen Hauptleuten 2000 Mark Silber und 100 Mark Feingold, unzählige Pelze und Umhänge, 300 Pferde mit Sätteln und Zaumzeug, fünfundzwanzig Kamele, 1000 Ochsen als Lastenträger und unzählige weitere Geschenke.[31]

In der vierten Woche kam Fürst Álmos mit seinen Männern nach Galizien[32] und wählte dort einen Platz für sich und seine Männer zur Ruhe. Als der Fürst von Galizien dies hörte, ging er mit all seinen Männern barfuß zu Fürst Álmos und bot ihm verschiedene Geschenke dar, um ihn zu erfreuen. Nachdem er das Tor der Stadt Halytsch geöffnet hatte, begrüßte er ihn wie seinen Herrn. Er überantwortete Álmos seinen einzigen Sohn zusammen mit weiteren Söhnen der Edelleute des Gebietes als Geiseln. Darüber hinaus schenkte er dem Fürst und allen seinen Kriegern zehn der allerbesten Pferde und 300 Pferde mit Sattel und Zaumzeug sowie 3000 Mark Silber und 200 Mark Gold und die edelsten Gewänder sowohl für den Fürsten als auch für alle seine Krieger.

Fürst Álmos ruhte sich einen Monat lang in Galizien aus. Nun begann der Fürst Galiziens und einige seine Edelleute, deren Söhne als Geiseln genommen waren, nachzufragen, ob Fürst Álmos

---

31 Erneut zählt Magister P. all die Gaben detailverliebt auf. Später hält er es knapper. Es wird aber deutlich, dass diese Tribute sehr großzügig bemessen waren.
32 Eine Gegend in der Grenzregion von Polen und der Ukraine.

und seinen Edelleute nicht nach Westen jenseits der Karpaten in das Land Pannonien hinab reisen wollten.[33] Sie versicherten ihnen nämlich, das Land dort sei sehr gut und es flössen da die süßesten Wasser[34], nämlich die Donau und die Theiß, die wir schon erwähnt haben, aber auch die Waag, die Maros, die Kreisch und die Temesch[35]. Einst sei dies Land Pannonien das von König Attila gewesen.

Nach seinem Tod hätten es die römischen Fürsten in Besitz genommen, bis zur Donau, wo sie ihre Hirten versammelt hatten. Der große Khan, der Fürst von Bulgarien aber, der Großvater des Fürsten Salan, habe das Land zwischen Donau und Theiß bis an die Grenzen der Ruthenen und Polen in Besitz genommen und es den Slawen und Bulgaren als Heimat geschenkt.

Das Land, das in Richtung Transsilvanien zwischen der Theiß und dem Weihwald[36] liegt, habe Fürst Marot, sein Enkel, in Besitz genommen – und zwar vom Fluss Maros bis zum Samosch. Die Ungarn haben ihn übrigens Menumorout[37] genannt, weil er Konkubinen hatte.

In dieser Gegend wohnen Stämme, die Cozar[38] genannt werden. Ein gewisser Fürst namens Glad,

---

33 Das ist verständlich. Die Magyeren und die Völker, die mit ihnen reisten, waren in ihrer Menge teure Gäste, die man wohl gerne wieder weiterziehen sah.

34 Magister P. benutzt hier das Wort „fons", also Quelle. Da aber zumindest die Donau ihre Quellen viel weiter westlich hat, erlaubte ich mir, das Wort durch „Wasser" zu ersetzen.

35 Auf Ungarisch: Duna, Tisza, Vág, Maros, Körös und Temes

36 Auf Ungarisch: der Igfon-Wald

37 Hier gibt unser Magister P. wohl ein zotiges Wortspiel mit dem Namen wieder, das auf „mén" basiert, dem ungarischen Wort für Hengst.

hatte von der Burg Bodony[39] aus mit Hilfe der Kumanen das Land vom Fluss Maros bis zur Burg Orsova[40] in Besitz genommen. Aus seiner Linie wurde Ajtony[41] geboren, den lange Zeit später, zur Zeit des heiligen Königs Stephan, Csanád, der Sohn von Doboka und Neffe des Königs, in seiner Burg an der Maros tötete, weil der mit all seinem Treiben gegen den König Aufruhr schürte. Eben dieser König schenkte Csanád für seine guten Dienste die Ehefrau[42] und die Burg von Ajtony samt allem Zubehör, gemäß dem Brauch guter Herren, treue Männer zu belohnen. Diese Burg heißt jetzt Csanád[43]. So war das!

Wie sie nach Pannonien kamen

Fürst Álmos und seine Hauptleute stimmten den Ratschlägen der Ruthenen zu und schlossen einen dauerhaften Frieden mit ihnen. Damit sie in ihren Behausungen wohnen bleiben durften, hatten die Fürsten der Ruthenen, wie wir oben berichteten, ihre Söhne als Geiseln gegeben, zusammen mit unzähligen Geschenken. Nun befahl der Fürst von Galizien noch 2000 Bogen-

---

38 Das wird kaum die Chasaren meinen, ein reiternomadisches Turkvolk, das zwischen Asovschem Meerbusen und dem Kaspischen Meer zuhause war. Wahrscheinlicher ist ein weiteres unanständiges Wortspiel, in dem er ein Volk zweideutig mit dem Wort „kózar" für Ziegenherde in Verbindung bringt.
39 Widin in Bulgarien.
40 Fluss in Rumänien, deutsch Orschowa.
41 gestorben 1028
42 Sicher eine Zwangsehe zur Wahrung einer gewissen Kontinuität und um nicht die ganze Oberschicht auszuwechseln. Ob die Dame wohl begeistert war?
43 Heute Cenad in Rumänien.

schützen und 3000 Landleute als Vorauskommando, um den Magyaren einen Weg durch den Havas-Wald zur Grenze bei Ung vorzubereiten. Er ließ dann all ihre Lasttiere mit Proviant und anderer Ausrüstung beladen und gab ihnen zahllose Herden als Fleischvorrat mit.

So zogen denn die sieben Stammesfürsten, die Hetumoger, und die sieben Häuptlinge der Kumanen, wir haben sie oben namentlich erwähnt, beraten und unterstützt von den Ruthenen, in das Land Pannonien zusammen ein, mit ihren Verwandten, Dienern und Dienerinnen. Durch den Wald von Havas gelangten sie in die Bezirke von Ung. Als sie dort ankamen, nannten sie den Ort, den sie zuerst einnahmen Munkács[44], weil sie nach der größten Mühsal in ihrem erwählten Land angekommen waren. Dort ruhten sie vierzig Tage lang, und sie liebten das Land mehr, als man sagen kann.

Das dort wohnende slawische Landvolk, das von ihrer Ankunft hörte, ergab sich mit großer Furcht und aus eigenem Antrieb Fürst Álmos, weil man gehört hatte, dass er aus der Linie des Königs Attila abstammte. Und obwohl es die Lehnsleute Fürst Salans waren, dienten sie Fürst Álmos dennoch mit großer Ehrerbietung und Furcht und boten ihrem Herrn alle Nahrung, die man zum Leben braucht, so wie es sich gehört.

Da bekamen die Bewohner des Landes solch eine knieerweichende Furcht, dass sie vor dem

---

44 Munkás heißt im modernen Ungarisch „Arbeiter", munka die Arbeit. Gemeint ist Mukatschewo in der Westukraine. Die Herleitung dieses Namens klingt zwar ein wenig abenteuerlich, scheint aber tatsächlich auf das ungarische Wort „munka" – Arbeit – zurückzugehen.

Fürsten und seinen Anführern untertänigst krochen, so wie Sklaven vor ihrem Herren. Sie schwärmten ihnen von der Fruchtbarkeit ihres Landes vor und berichteten, wie nach dem Tod von König Attila der große Khan, Vorfahr des Fürsten Salan und des Fürsten von Bulgarien mit Rat und Unterstützung des Kaisers der Griechen[45] dieses Land besetzt hatte. Die Slawen seien aus dem Land Bulgarien an die Grenze der Ruthenen geführt worden und ihr Fürst Salan übe nun große Macht über sie und seine Nachbarn aus.

Anmerkungen

BEVOR WIR GLEICH MIT Magister P. die „Landnahme" beziehungsweise die Eroberung Ungarns weiter verfolgen, sollten wir endlich einen Blick auf unsere Akteure werfen. Wer waren diese Magyaren eigentlich? Und in welcher Welt lebten sie?

---

45   Gemeint ist der Kaiser von Byzanz.

51

Die Geschichte der Ungarn ist länger und hat ein paar Stationen mehr, als Magister P. es uns darstellt. Ihre Vorfahren war das finno-ugrische Volk, ein heterogenes Grüppchen von Stämmen der Altai-Völker. Sie lebten in den Wäldern Asiens und wanderten wohl in Westsibirien herum. Um 2000 v. Chr. zog ein Teil westlich und dann nordwärts, um später das Volk der Finnen zu bilden, ein anderer Teil zog erst nach Süden und dann auch westlich zum Ural. Dort, das belegen archäologische Funde, fanden sie Kontakt und kulturellen Austausch mit den Ur-Iranern. Von denen lernten sie um das Jahr 1000 v. Chr. die Reitkunst und die Viehzucht. Zu dieser Zeit wurden aufgrund eines Klimawandels ihre Waldsteppen zu Trockensteppen. Doch noch immer blieben die Magyaren dort, am Ostrand des Urals, nun aber als ein Reitervolk in der sich ausbreitenden Steppe.

Um etwa 500 v. Chr. kühlte sich das Klima wieder ab und sie zogen nach Süden. Dort kamen sie in Kontakt mit den uriranischen Stämmen der Skythen und Sarmaten. Archäologische Funde und Lehnwörter belegen einen intensiven kulturellen Austausch in dieser Epoche.

Für fast 1000 Jahre blieben sie im Bereich des südlichen Urals. Dann – um 500 n. Chr. zogen sie nach Westen. Sie wichen nachrückenden Völkern, die, die Völkerwanderung in ihr Gebiet führte. So drangen sie nun ihrerseits nun weiter nach Westen vor, ins Gebiet um die Wolga im Südwesten des Urals. Das Land heißt heute Baschkirien. Die ungarische Geschichtsschreibung nennt es Magna

Hungaria und noch heute sind sind dort vier der sieben ungarischen Stammesnamen lebendig.

Weitere Völker aus dem Osten machten ihnen im siebten und achten Jahrhundert das Land dort streitig und so landeten sie, nachdem sie eine Weile unter chasarischer Oberhoheit gelebt hatten, im „Etelköz", dem „Zweistromland" nördlich des Schwarzen Meeres, also zwischen Don und Donau. Dort lebten verschiedene Ethnien mehr oder weniger friedlich zusammen, vor allem das Turkvolk der Onoguren, die Protobulgaren, die den slawischen Völkern zugeordnet werden – und eben auch die Magyaren. Sie alle hatte die Völkerwanderung dort hingetrieben. Bei allen Unterschieden waren sie alle Reitervölker und lebten zumindest teilweise nomadisch.

Die Magyaren waren erst relativ spät dort angelangt, um das Jahr 800. Wie groß die Bevölkerung war, als sie ein knappes Jahrhundert später aufbrachen, um Ungarn zu erobern, ist Gegenstand gelehrter Erörterungen und je nach Quelle erhält man sehr unterschiedliche Angaben.

Man geht davon aus, dass sie eine Art „Zweiklassen-Gesellschaft" pflegten. Einfache Untertanen bestellten Felder und hegten Gärten, die „Adligen" waren aber Viehhalter und reisten als Nomaden mit ihren Pferde-, Rinder- und Schafherden.

Magister P. weiß von sieben magyarischen Stämmen, denen sich als quasi achter die Kumanen anschlossen. Man muss annehmen, dass nicht alle Magyaren diesem Bund der Auswanderer angehörten. Im 13. Jahrhundert suchte ein Mönch im Etelköz nach den zurückgelassenen Verwandten und fand welche, die dann aber nach einem Mongolenüberfall etwas später verschwunden schienen. Doch auch wenn manche sich diesem Exodus verweigerten, ein großer Teil der Magyaren wird wohl diesen sieben Großsippen oder Stämmen, die nach Westen zogen, angehört haben.

Schon im 9. Jahrhundert hatten die Magyaren einen – je nachdem, wen man damals befragte – guten oder schlechten Ruf als schlagkräftige Söldnertruppe. Sie waren kampfstark, weithin gefürchtet und machten aus ihrer Kriegskunst ein tragfähiges Geschäftsmodell. Verschiedene Wissenschaftler gehen von mindestens 20.000 Kriegern aus, möglicherweise aber auch von der doppelten Zahl an wehrfähigen Männern aus der Adelsschicht. Wenn man auf zwei Reiter einen Bauern rechnet und pro Bauer und Reiter nur fünf Familienmitglieder annimmt, kommt man schon auf eine Bevölkerung von 150.000. Dazu kommen noch die großen Viehherden. Es muss also ein recht großer Aufbruch in eine neue Heimat gewesen sein. Dabei ist meine Annahme noch recht zurückhaltend. Verschiedene Historiker gehen mit den ganzen Hirten und einfachen Leuten, dem Gesinde der Stammesfürsten eher von rund 300.000 bis 500.000 Menschen aus. Andere vermuten ein bis zwei Millionen, was aber sehr hoch gegriffen sein dürfte.

Die Magyaren lebten in Familienverbänden. Die Adeligen wohnten in prächtigen Jurten. Ob die Bauern in Hütten hausten, ist nicht überliefert,

54

darf aber vermutet werden. Sie waren nicht nur Söldner sondern vor allem auch Viehzüchter. Die Pferde und Rinderherden waren ihr Stolz, doch sie hatten auch große Schafherden. Das Zackelschaf ist wohl mit ihnen nach Ungarn gekommen. Ihre Rinder waren weit kleiner als unsere heutigen Rassen, sie maßen am Widerrist nur wenig mehr als einen Meter. Auch ihre Pferde waren klein, aber ausdauernd, schnell und wendig.

Sie selbst galten als hervorragende Reiterkrieger. Statt eines geraden Schwertes trugen sie einen langen, nur wenig gekrümmten Säbel und zum Schutz einen Rundschild. Die Hauptwaffe aber war Pfeil und Bogen. Ihre Reflexbögen waren den westlichen Bögen in Reichweite und Durchschlagskraft überlegen. Diese Bögen waren nicht einfach aus Holz. Sie wurden aus Hornplatten, Holz und anderen Materialien wie zähen Sehnenfasern zu einem Verbundwerkstoff verleimt, in dem sie die besten Eigenschaften dieser Materialien geschickt vereinten. Zur „Wunderwaffe" wurden ihre Bögen durch ihre Taktik: Sie galoppierten freihändig, in den Steigbügeln stehend und schossen so ihre Pfeile auf ihre Gegner. So kam zur Pfeilgeschwindigkeit von etwa 250 km/h das Tempo des galoppierenden Pferdes von knappen 50 km/h dazu – für noch größere Reichweite bzw. Durchschlagskraft. Lange Übung und Sättel mit hohem Vorderzwiesel, der auch beim Stehen in den Steigbügeln eine Möglichkeit der Anlehnung bietet, machte die Schützen auch bei dieser Technik treffsicher. Sie zermürbten ihre Gegner, indem sie immer neue Attacken gegen sie ritten, Pfeilsal-

55

ven auf sie abfeuerten, um dann aber abzudrehen, bevor sie in die Reichweite ihrer Feinde kamen. So vermieden sie es, sich selbst ernsthaft einer Gefahr auszusetzen.

Betrachten wir nun den Zug der Magyaren aus dem Etelköz, wie ihn Magister P. beschreibt, auch wenn die historische Wahrheit ein wenig komplexer gewesen sein dürfte. Nach ihrem Aufbruch waren die Ruthenen das erste Volk, das ihnen auf ihrem Zug in die neue Heimat im Wege stand.

Wir müssen uns klar machen, dass das 9. Jahrhundert eine Zeit war, die sehr viel dynamischer war, als wir es heute oft wahrhaben wollen. Europa war gerade im Umbruch und entstand praktisch neu. Im Westen war kürzlich das riesige Frankenreich zerbrochen und wurde in drei kleinere Reiche aufgeteilt. Daraus entstehen Frankreich, das deutsche Kaiserreich, auch wenn die Salier es erst noch schmieden müssen und das Ostfrankenreich, das später einmal Österreich werden wird. Im Nordosten rücken slawische Völker heran und dort wo heute etwa Tschechien und die Slowakei liegt, etabliert sich gerade das Großmährische Reich. Noch weiter östlich werden bald andere slawische Völker unter der Führerschaft der Polonen das Herzogtum Polen bilden. Und ganz im Osten bildet sich der Kiewer Rus der Ruthenen. Die Ruthenen waren wohl ein Verbund von vor allem ostslawischen Völkern. Der Ursprung der slawischen Völker ist in der Wissenschaft umstritten. Einigkeit besteht aber darin, *dass es sich dabei um indogermanische Völker handelt.* Man unterscheidet grob drei Gruppen:

- Westslawische Völker, etwa im heutigen Tschechien, in der Slowakei und Polen
- *Südslawische Völker, in Bulgarien, Kroatien, Slowenien, Bosnien, Serbien, Nordmazedonien, Albanien und in der Herzegowina*
- Ostslawische Völker, die in Russland, Weißrussland und der Ukraine siedelten.

Man nahm früher an, dass es eine slawische Urheimat gegeben habe, irgendwo zwischen der Weichsel, dem oberen Dnjepr und der Desna. Inzwischen wird auch die Annahme diskutiert, dass es gar keine homogenen Urslawen gab, sondern Byzanz das indogermanische Völkergemisch nur stark vereinfachend mit diesem Begriff bezeichnete, der übrigens etymologisch mit Sklave verwandt ist.

Die Ruthenen waren also ein ostslawisches Volk. Wenn unser Chronist jedoch meint, sie wären schon Jahrhunderte zuvor von Attila besiegt worden und ihm tributpflichtig gewesen, dann irrt er sich. Damals waren sie noch kaum geeint und der Großteil von ihnen saß weit im Norden, um Nowgorod herum. Erst im Jahre 882, also keine 15 Jahre vor den geschilderten Ereignissen, waren sie selbst als Eroberer in dieses Gebiet gekommen.

Im Laufe der Zeit etablierten sie ein großes Reich, das Kiewer Ruz, das sich zur Zeit von

Magister P. dann vom Baltikum bis an die Grenze zu Byzanz erstreckt hat und auch noch recht weit in den Osten. Doch schon damals war Kiew die Hauptstadt. Das Wort Ruthenen wandelte sich übrigens später zu „Russen".

Auch bei den Verbündeten der Ruthenen, den Kumanen, verbiegt unser Magister die Geschichte: Die Kumanen – sie sind auch als Komanen, Kyptschaken, Polowzer, Uzen oder Kuni bekannt – waren ein Turkvolk, kriegerische Reiter, die zur Zeit der Landnahme wohl noch im Altai-Gebirge in Zentralasien lebten und erst später ins kaukasische Steppenland rund um den Fluss Kuma kamen, der ihnen den uns geläufigen Namen gab. Erst im 11. Jahrhundert fielen sie in Ungarn ein. Nicht alle wurden zurückgeschlagen. Ein Teil siedelte sich an, wurde christianisiert und bildete eine ethnische Minderheit in Ungarn.

Auch später noch kamen kumanische Verbände und wurden in die ungarische Nation integriert und noch heute noch pflegen manche Ungarn stolz ihre kumanischen Wurzeln.

Wer auch immer den Ruthenen zu Hilfe kam, es werden kaum die Kumanen gewesen sein. Eher waren es wohl andere slawische Völker, doch auch Turkstämme sind denkbar bei dem Durcheinander vor den Karpaten. Es ist nicht unwahrscheinlich, dass sich von diesen manche den Ungarn angeschlossen haben können. Tatsächlich gehen viele davon aus, dass da im Rahmen der ungarischen Landnahme eher ein Völkergemisch ins Karpatenbecken kam, wobei die Magyaren die Oberschicht bildeten. Manche meinen, von einem geeinten Volk könne man wohl erst nach der Landnahme reden, im Zuge der dann notwendigen Neuordnung, bei der dann alle Einwanderer zusammengeschweißt wurden. In jedem Fall war von Anfang an ethnische Vielfalt ein Kennzeichen Ungarns, und das durchaus nicht zum Nachteil der Nation.

Wer immer auch sich Álmos angeschlossen haben mag, wir wollen es aber trotzdem bei „Kumanen" lassen, auch wenn wir wissen, dass es nicht richtig ist.

Gegen die Ruthenen gehen die Magyaren sehr robust vor, ja man muss es brutal nennen. Wir lesen, dass sie Köpfe wie Kürbisse zerschlagen. Es war wohl auch eine deutliche Machtdemonstration. Wir werden sehen, dass sie das nicht immer so machen werden. Die Ruthenen werden besiegt und zu Tribut und Zusammenarbeit gezwungen. Die Besiegten können ihre ungeliebten „Gäste" aber überzeugen, weiterzuziehen. So erreichen sie dann die Grenze zu Pannonien, nämlich die Stadt Lodomer und Halytsch in Galizien.

Mit Galizien benutzt unser Magister P. einen Begriff, den es zwar in seiner Zeit gab, nicht aber in der von Álmos und Árpád. Der Begriff Galizien als Region geht tatsächlich auf die Stadt Halytsch zurück. Doch die Stadt gibt es wohl erst seit dem 10. Jahrhundert. Dort gründeten slawische Stämme ein kleines Reich, das später zum Teil großmährisch oder polnisch war oder aber zum Kiewer Rus bzw. der Ukraine gehörte, je nach politischer Großwetterlage. Auch die Stadt Lodomer gab es, westlich des Bugs bei Wolodymyr-Wolyns-

kyj. Zur Zeit der Landnahme gehörte auch sie zum Kiewer Rus oder war mit ihm assoziiert. Zur Zeit unseres Magisters gab es das „Fürstentum Halytsch" und ein Fürstentum „Lodomerien", jedoch nicht, als Fürst Álmos lebte.

Es fällt beim Lesen auf, wie demütig und unterwürfig diese beiden Grenzregionen geschildert werden. Anders als die Ruthenen unterwerfen sie sich kampflos und die Galizier kommen sogar barfuß. Ich bin mir nicht sicher, ob das nur die Angst vor den übermächtigen Magyarenkriegern zeigen soll, oder ein chauvinistisches Überlegenheitsdünkel ausdrückt. Vielleicht ist beides nicht falsch.

Nach diesen Stationen überqueren die Magyaren dann endlich die Karpaten und betreten Ungarn bei der Burg Ung beziehungsweise bei der Siedlung Munkács.

Kehren also zu unseren Helden dorthin zurück.

Fürst Árpád und erste Erfolge

Die Burg Ung

Fürst Álmos und seine Anführer waren sehr erfreut, als sie das alles hörten und ritten zur Burg von Ung, um sie zu erobern. Und als sie ihre Lager rings um die Mauer herum errichteten, eilte der Graf der Burg, Loborc mit Namen, in der Landessprache aber Duca genannt, Hals über Kopf zur Burg Zemlin[46]. Doch die Krieger des Fürsten verfolgten ihn, nahmen ihn nahe eines Flusses gefangen und hängten ihn auf. An diesem Tag benannten sie den Fluss Laborc.

Endlich zogen Fürst Álmos und seine Männer in die Burg Ung ein. Sie machten mit Hilfe ihrer Götter zahlreiche Gefangene und feierten vier Tage lang.

Am vierten Tag hielt Großfürst Álmos, noch lebend, mit seinen Mannen Rat. Als sie ihren Eid geleistet hatten, ernannte er seinen Sohn Árpád zum Fürsten und Führer. So wurde Árpád zum Großfürsten bestimmt, zum Anführer der Ungarn, benannt nach der Burg Ung. Seine Krieger wurden deshalb in der Sprache der Fremden Ungarn gerufen. Dieser Name hat bis heute auf der ganzen Welt Bestand.

---

46 Sehr wahrscheinlich Zemplín in der Slowakei.

Fürst Árpád

Im 993. Jahr[47] der Menschwerdung unseres Herrn entsandte Fürst Árpád seine Armeen und nahm das ganze Land zwischen Theiß und Bodrog[48] bis nach Ugocsa[49] mit all seinen Bewohnern ein. Er belagerte die Burg Borsova[50] und eroberte sie am dritten Tag der Kämpfe. Ihre Mauern zerstörte er und befahl, die Krieger des Fürsten Salan, die er dort vorfand, in Fesseln in die Burg Ung zu bringen. Als der Fürst und seine Männer dort einige Tage verweilten, erkannten sie, wie fruchtbar das Land war und wie reich an allen Tieren. Sie sahen die Fülle der Fische in Theiß und Bodrog und liebten sie das Land mehr als man es in Worten ausdrücken kann.

Fürst Salan, der schließlich von seinen geflohenen Männern hörte, was geschehen war, wagte es nicht, die Hand zu heben, sondern schickte seine Gesandten nach bulgarischer[51] Sitte los. Er begrüßte Fürst Árpád von Ungarn spöttisch, nannte seine Männer abfällig „Hunguarier"[52] und begann viele Fragen zu stellen – wer sie waren und woher

---

47 Wieso Magister P. hier das Jahr 893 angibt, ist mir ein Rätsel.
48 Bodrog ist ein Nebenfluss der Theiß, der im Osten der Slovakei entspringt.
49 Später ein ganzer königlicher Verwaltungsbezirk am oberen Theißbogen.
50 Heute Borša in der westlichen Slowakei.
51 Magister P. wohl hat keine hohe Meinung von den Bulgaren. Er nutzt das Adjektiv „bulgarisch" mit spürbarer Verachtung, beinahe als Schimpfwort.
52 Das ist kein Tippfehler: Magister P. Benutzt nicht wie sonst „hungari" hier „hunguari". Entweder stammt das zusätzliche „u" vom latinisierten Namen der Burg, von „hungu", oder es ist eine zusätzliche Verballhornung des ohnehin falschen Namens sein. Entscheiden Sie selbst!

sie kamen, dass sie es wagten, solche Dinge zu tun. Er wies sie an, ihre Missetaten wiedergutzumachen und auf keinen Fall den Fluss Bodrog zu überqueren. Sonst würde er mit Hilfe der Griechen[53] und Bulgaren ihnen ihre Missetaten mit gleicher Münze heimzahlen. Kaum einer von ihnen würde nach Hause zurückkehren, um von ihrem Entrinnen zu erzählen.

Die Gesandten von Fürst Salan, die bei Burg Zemlin den Fluss Bodrog überquerten, erreichten am zweiten Tag Fürst Árpád, und am dritten Tag begrüßten sie den Großfürsten mit den Worten ihres Herrn und übermittelten ihm die Botschaft. Fürst Árpád hörte die Botschaft des stolz-geblähten Fürsten, dann antwortete er – nicht hochfahrend, sondern in Demut – mit folgenden Worten:

„Obwohl mein Vorfahre, der überaus mächtige König Attila, das Land zwischen Donau und Theiß bis zur Grenze der Bulgaren besaß, das Euer Herr nun innehat, fordere ich es nicht. Nicht, weil ich fürchte, den Griechen und Bulgaren nicht standhalten zu können, sondern um der Freundschaft von Salan, eures Fürsten. Ich bitte um ein Plätzchen für meine Herden, nämlich das Land bis zum Fluss Sajó[54]. Außerdem erbitte ich von Eurem Herrn, mir in seiner Gnade zwei mit dem Wasser der Donau gefüllte Fläschchen und einen Sack Kräuter aus dem Sand von Olpar[55] zu schicken,

---

53 Truppen aus Konstantinopel
54 In Ungarn Sajó, in der Slovakei Slaná, zu deutsch Salzach oder Salz ist ein Fluss in der mittleren Slowakei und im nordöstlichen Ungarn.
55 Heute ist es ein größeres Dorf – Tiszaalpár, auf dem Westufer der Theiß.

damit ich prüfen kann, ob die Kräuter des Sandes von Olpar süßer sind als die Kräuter der Skythen und ob das Wasser der Donau besser als das Wasser des Don."

Nachdem Großfürst Árpád sich beraten hatte, schickte er ebenfalls seine Boten zu Fürst Salan und sandte ihm zwölf weiße Pferde, zwölf Kamele und zwölf kumanische Knaben und für die Fürstin zwölf sehr flinke ruthenische Mädchen, zwölf Hermelinpelze und zwölf Hermelinböcke, einundzwanzig Zobel und zwölf goldene Mäntel. Mit dieser Botschaft wurden Ond, der Vater von Ete, Ketel, der Vater von Alaptolma, und ein hoch verdienter Veteran mit Namen Tursol ausgesandt. Sie sollten das Land erkunden, seine Beschaffenheit prüfen und dann schnell heimkehren, um ihrem Herrn, Fürst Árpád, Bericht zu erstatten.

Die Burg Komárom

Die Gesandten von Fürst Árpád, Ond, der Vater von Ethe, Ketel, der Vater von Alaptolma, und Turzol, ein kumanischer Krieger[56], dessen Linie mit ihm unterging, überquerten schwimmend den Bodrog an der Stelle, wo bei Satorholmu[57] ein kleiner Fluss in den Bodrog mündet. So überquerten sie den Fluss, doch als sie jubelnd das oben genannte Flüsschen überquerten, versank Ketel durch den Sog des Wassers mit seinem Reittier in den Fluten. Mit der Hil-

---

56 Dass hier auch ein kumanischer Fürst und ein kumanischer Veteran an dieser wichtigen diplomatischen Mission teilnimmt, zeigt, dass die Magyaren zwar die Führungsschicht stellten, aber dennoch auch die sich ihnen angeschlossenen Völker zu integrieren bereit sind.
57 Heute Sátoraljaújhely im Nordosten Ungarns an der Grenze zur Slowakei.

fe seiner Gefährten entging er knapp dem Tode. Von da an wurde dieser Fluss von Ketels Gefährten scherzhaft Ketelpotaca genannt – Ketels Bach.

Später schenkte Fürst Árpád in seiner Gnade Ketel das ganze Land mit seinen Bewohnern von Satorholmu bis zum Fluss Tulsuoa[58], und er gab nicht nur das, sondern noch mehr, denn nachdem Fürst Árpád das ganze Land Pannonien erobert hatte, schenkte er Ketel für seinen treuesten Dienst ein großes Gebiet an der Donau, wo die Waag fließt. Dort errichtete Alaptolma, Ketels Sohn, eine Burg, die Komárom genannt wird. Den Dienst an dieser Burg teilte er in zwei Teile, sowohl für die Leute, die er mitgebracht hatte, als auch für die, die er vom Großfürsten erhalten hatte. Später wurden Ketel und sein Sohn Tulma[59] dort in heidnischer Manier begraben, aber seine Nachkommen hatten das Land, das heute Ketelpotaca heißt, noch zur Zeit von König Andreas, dem Sohn von Ladislaus dem Kühnen. Nichtsdestotrotz tauschte König Andreas dieses Land mit den Nachkommen Ketels aus zwei Gründen aus: erstens, weil es sich für die königliche Jagd eignete und zweitens, weil seine Frau gerne in diesen Gegenden wohnte[60]. Sie lagen näher an ihrer Heimat, da sie die Tochter des Fürsten der Ruthenen war. Sie fürchtete dass der Kaiser der Deutschen nach Ungarn ziehen könne, um das Blut von König Peter zu rächen, wie im Folgenden berichtet wird.[61]

---

58 Heute der Tolcsva-patakró.
59 Im Text steht Tulma. Ob es ein Abkürzung für Alaptolma ist oder einen weiteren Sohn bezeichnet, kann ich leider nicht sagen.
60 Man beachte die Reihenfolge bzw. Wertigkeit.
61 Leider löst er dieses Versprechen im Folgenden nicht ein.

65

Der Berg Turzol

Ond, Ketel und auch Turzol durchquerten den Wald am Fluss Bodrog. Dort ritten sie ein Rennen und flogen auf den Pferden dahin. Sie ritten aufwärts auf den Gipfel eines hohen Berges zu. Turzol, der stärkste der Krieger, lag vorne und erreichte als erster den Gipfel des Berges. Seit dieser Zeit bis heute nennt man diesen Berg den Turzol[62]. Als diese drei Herren vom Gipfel des Berges das Land ringsum betrachteten, soweit des Menschen Auge reicht, gewannen sie es unsagbar lieb. An diesem Ort brachten sie in heidnischer Manier ein großes Opfer dar, indem sie das fetteste Pferd töteten. Turzol nahm Abschied von seinen Gefährten und kehrte als mutiger Mann und treuer Krieger mit seinen Kämpfern zu Fürst Árpád zurück, um ihm von den Früchten dieses Landes zu berichten, was er auch tat.

Ond und Ketel hingegen ritten nun so rasch wie möglich vom Berg Turzol weiter und fanden am dritten Tag Fürst Salan in der Burg von Olpar[63] an der Theiß. Sie grüßten ihn im Namen von Árpád und am zweiten Tag, nachdem sie seinen Hof betreten hatten, überreichten sie ihm die mitgebrachten Geschenke und überbrachten ihm die Botschaft von Fürst Árpád. Als Fürst Salan die Gaben sah und hörte, was sie und seine eigenen Männer zu sagen hatten, war er hocherfreut. Er begrüßte die Gesandten freundlich. Er gab ihnen seinerseits verschiedene Geschenke und stimmte

---

62 Heute der Kopasz-Hügel.
63 Magister P. schreibt „Opar". Gemeint ist wohl Olpar. Schön, dass nicht nur ich Rechtschreibfehler mache.

66

darüber hinaus den Bitten Árpáds zu. Nach zehn Tagen erhielten Ond und Ketel die Erlaubnis von Fürst Salan zur Heimreise und bereiteten die Rückkehr vor. Durch sie übersandte Fürst Salan Fürst Árpád neben verschiedenen Geschenken auch spöttisch die zwei mit Donauwasser gefüllten Flaschen und einen Sack mit den besten Kräutern aus dem Sand von Olpar. Außerdem gestand er ihm das Land bis zum Fluss Sajó mitsamt seinen Bewohnern zu.

Ond und Ketel reisten zusammen mit den Gesandten des Fürsten Salan eilig zum Fürst Árpád und überreichten die Geschenke, die sie erhalten hatten. Sie sagten, dass das Land zusammen mit seinen Bewohnern Árpád zugesprochen worden sei. Da war die Freude am Hof von Fürst Árpád riesengroß und drei Tage lang wurde ein großes Fest gefeiert. Danach, als der Friede bestätigt war, entließ er die Sendboten des Fürsten Salan mit verschiedenen Geschenken nach Hause.

Szerencs

Fürst Árpád und seine Adligen zogen mit großer Freude aus der Burg Ung und und errichteten jenseits des Berges Turzol in der Ebene am Fluss Tucota[64] bis zum Berg Szerencs hin ihr Lager. Als sie das Land von oben sahen und seinen Wert erkannten, da nannten sie diesen

---

64 Gemeint der Bach Takta. Das bedeutet ein Lager in einem trapezförmigen Stückchen Landes, das im Norden etwa 10 km breit ist, im Süden rund 15 km und eine Tiefe von etwa rund 10 km hat. Für einen „Campingplatz" sind das gewaltige Ausmaße. Doch wir sprechen von Vieh haltenden Nomaden, die weitläufige Weidegründe brauchten. Es mag also angehen.

Ort "lieblich", was in ihrer Sprache „szerelmes"
heißt. Sie liebten diesen Platz sehr, und von diesem Tag an bis jetzt heißt der Ort Szerencse.

Fürst Árpád gönnte nun all seinen Hauptleuten
zusammen mit ihrem ganzen Haushalt Rast. Sie
bauten Hütten und ließen die Arbeit etliche Tage
ruhen. Trotzdem unterwarfen sie alle Nachbarorte,
nämlich bis zum Fluss Sajó und dem dortigen
Salzschloss[65].

An der Tocota und in den Wäldern gab Árpád
Ed und Edum viele Ländereien an verschiedenen
Orten zusammen mit ihren Einwohnern. Ihre
Nachkommen haben sich dank der Gnade Gottes
als würdig erwiesen und halten das Land immer
noch. Turzol, der Krieger, den wir erwähnten, erhielt durch die Gnade von Fürst Árpád ein großes
Land am Fuße des Berges, wo der Bodrog in die
Theiß fließt. An dieser Stelle errichtete er eine ir-
dene Festung[66], die jetzt Hymusudvor[67] genannt
wird.

Borsod

Während sie so Fuß fassten, hielten sie
Rat. Mit der Zustimmung aller wurde
Borsu, der Sohn von Bunger mit einer
starken Streitmacht zum Lande Polen entsandt,

---

65 Es wird wohl Sóvár gemeint sein, im Kreis Sájos gelegen.
66 Erdburgen sind sehr einfache, aber in dieser Zeit doch recht ef-
    fektive Wehrbauten, die mit einer ausreichenden Zahl von Ar-
    beitern rasch errichtet werden können. Ideal sind sie dort, wo es
    zwar Holz, aber wenig Stein gibt. Sie bestehen aus einem Wall-
    graben, der mit einer Palisade verstärkt wird. Plattenseebesucher
    können in Fonyód eine eindrucksvolle Rekonstruktion einer sol-
    chen Erdburg besichtigen.
67 Heute ist dort die Stadt Tokaj.

um die Grenzen ihres Herrschaftsgebietes zu erkunden und sie mit Befestigungen zu verstärken bis hin zum Berg Turtur[68]. Er sollte an geeigneter Stelle eine Burg errichten, um das Gebiet zu verteidigen. So brach Borsu auf und, nachdem er eine tüchtige Schar Landvolk zusammengetrommelt hatte, errichtete er mit Glück und mit deren Hilfe eine Burg am Ufer des Flusses Buldva[69], die von seinen Leuten Borsod genannt wurde. Sie war recht klein. Borsu nahm die Söhne der Einwohner als Geiseln und setzte Grenzsteine entlang der Berge von Turtur. Dann kehrte er zu Fürst Árpád zurück. Bei seiner Heimkehr war die Freude am Hofe des Großfürsten groß. Der Großfürst belohnte Borsu nun, erhob ihn zum Grafen dieser Burg und gab ihm die komplette Verantwortung für dieses Gebiet.

---

68 Nein, hier hat sich kein Scheinriese aus den Abenteuern von Jim Knopf eingeschlichen. Turtur meint die hohe Tatra. Möglicherweise hat aber diese liebenswürdige Kinderbuchfigur hier ihren Namen entlehnt.
69 Heute das Flüsschen Bodva,

Anmerkungen

ZU BEGINN DER KAPITEL dieses Abschnitts verschwindet Fürst Álmos sang- und klanglos aus der Geschichte. Magister P. lässt ihn mit der Formulierung „dux Almus ipso vivente" (Fürst Álmos, noch lebend) aus der Handlung ausscheiden und wendet sich, ohne ein Wort über den Vater zu verlieren, gleich dem Sohn zu – Árpád. Was geschah?

Álmos war zu diesem Zeitpunkt wohl Mitte siebzig. Genaues über die Machtübergabe oder sein Ableben weiß man nicht. Dass Magister P. ihn aber gerade jetzt aus dem Geschehen genommen hat, hat vielleicht mit der Parallelität zum biblischen Exodus zu tun. Moses führte sein Volk bis an die Grenze Kanaans, doch selbst erreichte er es nicht. So scheint es auch mit dem Einer und Führer der Magyaren gewesen zu sein.

Aber andererseits ... hätte unser gelehrter Chronist diesen Hinweis nicht deutlicher gekennzeichnet? Als Schriftsteller erkenne ich hier verschenktes erzählerisches Potenzial und halte es für wahrscheinlich, dass unser Autor dies sicher auch erkannt hat. Warum also solch eine unspektakuläre Lösung? Es bleibt ein Rätsel.

Eine – rein spekulative – Erklärung könnte sein, dass er keinen Anstoß erregen wollte, wenn er allzu offen die Parallelen eines heidnischen Fürsten mit einem so illustren biblischen Propheten herausstellt. Womöglich hätte solch eine Betonung Ärger bedeutet. So bleibt es bei einer stillen Analogie. Doch für diese These gibt es natürlich keinerlei Beleg. Es ist ein reines Gedankenspiel.

Andere historische Quellen – ohne direkten Bezug auf diesen Text und speziell diese Machtübergabe – wissen von Riten der Machtübertragung bei Steppenvölkern, bei denen das alte Oberhaupt getötet und rituell verzehrt wird. Manche Forscher unterstellten das auch den Magyaren. Wollte Magister P. diese Barbarei verheimlichen und verzichtet darum auf jede Ausgestaltung? Auch das ist möglich. Mir kommt diese Sitte jedoch allzu archaisch vor. Leider werden wir diese Frage nicht lösen können. Gehen wir einfach davon aus, dass Álmos starb oder so alt und gebrechlich wurde, dass er die Macht abgab.

Mit Árpád unternehmen die Magyaren die ersten Schritte der Landnahme. Sie sind weniger forsch, als man es nach dem eher ruppigen Umgang mit den Ruthenen annehmen dürfte. Zunächst bleiben die Magyaren in einem kleinen Gebiet in den Karpaten, erobern zwar eine Burg und ein paar Siedlungen, doch als Fürst Salan ihm stolze Boten mit seinen hochfahrenden Worten

71

schickt, zeigt sich Árpád erstaunlich kleinlaut und demütig. Ob er es auch tatsächlich ist, wird sich erst noch erweisen. Doch offenbar scheut er die sofortige Konfrontation.

Warum? Ich denke, er geht hier klug und vorsichtig vor. Zwar darf man annehmen, dass bei vorausgegangenen Kriegszügen das Land bereist worden ist und somit nicht ganz unbekannt war. Doch er will das Land nicht durchreiten, er will sich dort niederlassen und es erobern. Das sind gänzlich andere Voraussetzungen. Fürst Salan beherrscht einen Außenposten der Bulgaren und ist mit Byzanz im Bunde. Es ist sicher klug, erst einmal zu sehen, wie stark der Gegner tatsächlich ist und abzuklären, ob aus dem Norden nicht auch noch Gefahren drohen. So zeigt Árpád sich als geschmeidiger Diplomat und erhandelt zunächst ein kleines Gebiet im Norden, das er auch zügig einnimmt und befestigt.

Ach ja ... die symbolischen Gaben von Wasser und Erde ... Wir sollten sie uns merken.

Im Zusammenhang des Berichts über die diplomatische Mission und den Verhandlungen mit Fürst Salan unterbricht unser Magister seine eher chronologische Erzählung und greift weit vor. Er erzählt von der Gründung der Stadt Komárom und dabei auch eine spätere Episode der Stadtgeschichte, in der König Andreas, ich nehme an Andreas I., die Stadt übernimmt, auch, um so das Land vor Vergeltungsmaßnahmen der Deutschen zu schützen, die das „Blut von König Peter" heraufbeschworen hat. Unser Magister verspricht, später darauf genauer einzugehen.

72

Leider löst er dieses Versprechen nicht ein. Immerhin so viel wissen wir: König Peter war Sohn des Dogen von Venedig und ein Neffe von König Stefan. Er folgte ihm auf dem ungarischen Thron nach. Seine Politik benachteiligte den ungarischen Adel systematisch zugunsten von Italienern und Deutschen und machte ihn im Lande sehr unbeliebt. Seine Außenpolitik führte sogar zu einem Krieg gegen den deutschen Kaiser, in dem König Peter unterliegt. In den recht wirren Jahren danach wird er von den Ungarn als König abgesetzt und später wieder vom deutschen Kaiser Heinrich III eingesetzt. Nun ist aber der deutsche Einfluss auf Ungarn übermächtig und Peter kann sich nicht halten. Die Ungarn wählen Andras I. Zu ihrem König.

Was ist das Blut von König Peter? Er wurde nicht ermordet oder erschlagen. Ich vermute, es ist das Blut gemeint, dass er mit seiner ungeschickten Politik vergoss. Auch heute noch gilt er als schlechtester der ungarischen Könige.

Die diplomatische Mission ist erfolgreich und die Magyaren ziehen nach Westen. Auf dem Berg Kopasz, einem südlichen Ausläufer des Tokajgebirges, nehmen sie einen Rundumblick und sind begeistert von dem, was sie sehen. Magister P. meint nun, der Ort Szerencse dort heiße so, weil Fürst Árpád den Anblick so "lieblich" fand.

Bei dieser eher assoziativen Etymologie muss ich einhaken. In modernem Ungarisch heißt „szerelmes" „verliebt". Wie Magister P. die Verbindung zu „szerencse" schlägt, was „Glücksfall" heißt, bleibt sein Geheimnis oder ist einer mir

73

nicht nachvollziehbaren Sprachentwicklung geschuldet. Immerhin gibt es aber eine später fixierte Legende, nach der Árpád mit seinen Stammesfürsten auf diesem heiligen Berg Turzol ins Land blickte und Folgendes gesagt haben:

„Ma ád Isten szerencsét e tájnak"

(„Gebe Gott heute diesem Gebiet Glück").

Das ist fragwürdig, da der heidnische Stammvater der Magyaren wohl kaum den christlichen Gott um etwas gebeten haben dürfte. Dennoch leiten romantische Seelen von dem legendären Ausspruch drei Ortsbezeichnungen der Gegend ab: die der Gemeinden Mád, Szerencs und Tállya.

Diese Herleitungen mögen vor Sprachwissenschaftlern vielleicht nicht bestehen können, nett sind sie dennoch und ich will sie nicht unterschlagen.

Als unsere Magyaren die Gebiete nördlich des Theißbogens eingenommen haben, beschließen sie eine weitere Vorsichtsmaßnahme. Árpád schickt Borsu nach Norden, um den Rücken zu sichern. Dass die Stammesfürsten tatsächlich die „Polen" fürchteten, muss stark bezweifelt werden: Das Fürstentum Polen, benannt nach dem westslawischen Stamm der Polanen, wurde erst im darauffolgenden Jahrhundert gegründet. Unser Magister gebraucht aber gerne Begriffe aus seiner politischen Gegenwart und wendet sie ungeniert auch auf die árpádische Zeit an. Polen hin oder her, immerhin fürchten die Magyaren eine Gefahr aus dem Norden, wo verschiedene slawische Stämme wohnen und weiter im Westen sich schon damals das großmährische Reich etabliert hat.

Ganz allgemein scheint es so, als ob sich die Magyaren – obwohl allseits wegen ihrer Kampfkraft gefürchtet – noch sehr verwundbar fühlen. Es ist wohl für sie eine gänzlich neue Situation. Mit einem Heer berittener Krieger in Blitzkriegsmanier Überfälle durchzuführen ist eine Sache. Doch für die eigenen Herden, Familien, das ganze Gesinde und alle Bauern und Gefolgsleute eine neue und sichere Heimat zu schaffen, ist etwas ganz anderes. Darum also handeln Árpád und seine Hauptleute hier mit Vorsicht.

Hier wird übrigens deutlich, dass die Magyaren dabei auch auf die Hilfe der Landbevölkerung setzten, die sie vorfinden. Unsere Steppenreiter ersetzen – so scheint es – mehr oder weniger naht- und reibungslos die alte bulgarische Oberschicht und finden offenbar ohne große Schwierigkeiten willige Helfer. Ob es wirklich so war? Für die kleinen, verstreuten slawischen Siedlungen wird es keinen großen Unterschied gemacht haben, wer über sie herrschte, solange sie ihr Leben in Frieden in den gewohnten Bahnen weiterleben konnten. Den neuen Herren gute Dienste zu leisten, mag sogar Chancen eröffnen. Und vielleicht waren diese Sicherungsmaßnahmen nach Norden hin durchaus auch in ihrem Sinne.

Noch etwas anderes fällt auf: Unser Magister P. ist emsig bemüht, viele Orts-, Burg- oder Flussnamen und andere Landmarken auf Benennungen durch die Eroberer zurückzuführen. Dass diese oft schon lange vorher von den dort wohnenden Slawen so oder sehr ähnlich benannt wurden, sollte uns ebenso wenig verdrießen wie unseren wacke-

ren Chronisten. In seiner fiktionalen Wirklichkeit drücken seine Helden ihrem Land den eigenen Stempel auf und machen es auch so zu ihrem Eigentum. Da es außerdem meist ganz nette Geschichtchen sind, möchte ich es ihm gerne nachsehen. Doch das heißt sicher nicht, dass ich alles für bare Münze nehme.

Ein Letztes noch: Die Szene von der Opferung des Pferdes wirft ein kurzes Schlaglicht auf die Traditionen und Bräuche dieses Reitervolkes, die sich offenbar bis zu Magister P. überliefert haben.

Man beachte dabei auch die pragmatische Logik, die der Bestimmung des Opfertieres zugrunde liegt: Den Göttern wird nicht das beste, schönste oder schnellste Pferd geopfert. Das hebt man sich auf zur Zucht und für den Gebrauch in Kampf und Frieden. Die dicken, langsamen Tiere wurden geopfert bzw. gegessen, denn sicher gab es nach der Darbringung auch ein Opfermahl. Für die Pferdezucht eines Reitervolkes, das auf die Schnelligkeit seiner Tiere setzt, sicher eine sinnvolle Lösung.

Doch nun endlich lesen wir, wie es weitergeht.

76

Über die Theiß und nach Osten

Der Fürst von Bihor

Nachdem er einige Tage dort – im Lager an der Theiß[70] – verbracht hatte, nahm Fürst Árpád den Rat seiner Edelleute an und sandte Boten zur Burg von Bihor[71] – zu Fürst Menumorout. Er berief sich auf das Recht seines Vorfahren, auf König Attila, und bat, dass man ihm das Land vom Fluss Samosch bis zur Grenze des Landes Nyr[72] gebe und hinauf zum Meszes-Tor[73]. Er sandte ihm Geschenke, so wie er sie zuvor schon Salan geschickt hatte, dem Fürsten von Tytulensy[74].

Bei dieser Gesandtschaft waren zwei besonders tüchtige Krieger: Usubu, der Vater von Zolovcu, und Velec, von dessen Nachfahren Bischof Turda[75] abstammt. Diese beiden waren von edelster Geburt und zusammen mit vielen Leuten im Land der Skythen aufgebrochen und Fürst Álmos gefolgt.

---

70 Diesen Einschub zwischen den Gedankenstrichen habe ich ergänzt, da Magister P. sicher nicht mit meinen Kommentaren gerechnet hat. Er ging davon aus, dass wir noch wissen, wo Árpád gerade lagert. Ich will es aber an dieser Stelle noch einmal klar stellen, da ich meine Leser so frech mit dem Einschub einiger Seiten abgelenkt habe.

71 Fast sicher der Ort Biharia in Rumänien.

72 Gemeint ist die Landschaft der nordöstlichen Puszta, auf ungarisch Nyírség.

73 Wichtiger Pass nach Transsilvanien.

74 Das Wort ist vielleicht ein Titel. Eine Quelle vermutet eine Verschmelzung der Worte Donau und Theiß, was ich nur schwer erkennen kann. Betrachten wir es als Rätsel.

75 Leider ein schlichter Name im Nebel der Zeit, dem ich keine Konturen geben konnte.

Die Mission Bihor

Fürst Árpáds Gesandte Usubu und Velec ließen sich am Hafen von Lucj über die Theiß setzen[76] und machten sich von dort aus auf den Weg zur Burg von Bihor. Sie begrüßten Fürst Menumorout und überreichten ihm die Geschenke, die ihr Fürst geschickt hatte. Daraufhin übermittelten ihm die Botschaft von Fürst Árpád und forderten das Land, wie oben erwähnt. Fürst Menumorout empfing sie freundlich und beorderte sie mit Gegengeschenken nach Hause zurück. Dennoch lautete seine Antwort so:

„Sagt Árpád, dem Fürsten der Ungarn, Eurem Herrn, wir stehen in seiner Schuld wie ein Freund bei einem Freunde. Bei allem, was er braucht, stehen wir ihm bei, weil er ein Gast aus der Fremde ist und es ihm an mancherlei mangelt. Aber das Land, das er von unserer Gnade sucht, werden wir in keiner Weise aufgeben, solange wir leben. Wir sind fassungslos darüber, dass Fürst Salan ihm so große Ländereien gegeben hat, sei es aus Zuneigung, wie er es darstellt, oder aus Angst, was er leugnet. Wir aber werden weder aus Zuneigung noch aus Angst Árpád Land zugestehen, nicht einmal eine Handvoll, auch wenn er sagt, dass es ihm rechtmäßig zusteht. Seine Worte beunruhigen uns nicht, auch wenn er uns sagt, dass er von der Linie des Königs Attila abstammt, den man als Geißel Gottes kannte. Zwar hat dessen raubgierige Hand

---

76 Ich nehme stark an, dass mit „transnavigare" Flussüberquerungen zu Schiff gemeint sind, da dieses – navis – ja schon im Wort steckt. Im Gegensatz zu Furten, das mit anderen Vokabeln beschrieben wird, mit transire zum Beispiel.

dieses Land meinem Ahnen genommen, aber mir wird das nicht geschehen. Dank der Gnade meines Herrn, des Kaisers von Konstantinopel, wird es niemand meinen Händen entreißen."

Als er dies gesagt hatte, gab er ihnen die Erlaubnis, sich zurückzuziehen. Usubu, Velec und die anderen Gesandten von Großfürst Árpád eilten schnell zu ihrem Herrn und berichteten ihm sofort die Botschaft von Menumorout. Als aber Fürst Árpád und seine Edlen dies hörten, waren sie wütend und befahlen sofort, eine Armee gegen ihn zu schicken. Sie beschlossen, dass Tosu, der Vater von Lél, gehen sollte, sowie Szabolcs[77], der Sohn von Előd, von dem der Csák-Stamm abstammt, und Tétény, der Vater von Horka, der Großvater von Gyula und Zumbo, von dem die Moglout-Sippe abstammt. Sie nahmen Abschied von Fürst Árpád, zogen mit recht großer Streitmacht los und durchschwammen[78] die Theiß unweit des Hafens von Ladeus, ohne auf Widerstand zu stoßen.

Tags darauf ritten sie die Theiß entlang in Richtung des Flusses Samosch[79]. Sie schlugen dort, wo sich jetzt Szabolc befindet, ihr Lager auf. Da ergaben sich fast alle Bewohner des Landes aus eigenem Willen und warfen sich vor ihren Füßen nieder. Ihre Söhne gaben sie als Geiseln, damit sie nicht irgendwelchen Schaden erlitten. Denn inzwischen fürchtete beinahe alles Volk die Ungarn. Kaum einer, der vor ihrem Antlitz floh, schaffte es, ihnen zu entkommen und sich zu Menumorout durchzuschlagen, um ihm mitzuteilen, was geschehen war.

---

77 Auch wenn Szabolcs schon beim Eid der Magyaren erwähnt wird, will ich diese Info nachtragen: Nach diesem Helden wurde Magister P. zufolge ein Ort im gleichnamigen Komitat benannt. Nur – die historische Existenz des ist Helden heute umstritten.
78 Hier: transnataverunt
79 Der Samosch, rumänisch Someş und Szamos auf Ungarisch

Als Menumorout davon hörte, bekam er das große Schlottern, sodass er es nicht wagte, seine Hand gegen die Eindringlinge zu erheben, weil all seine Untertanen solch unsagbare Angst vor ihnen hatten. Da sie gehört hatten, dass Fürst Álmos, der Vater Árpáds, aus dem Geschlecht Attilas abstamme, glaubten sie nun, nur durch die Gnade Árpáds, des Sohnes von Álmos, überleben zu können. So unterwarfen sich die meisten von ihnen aus freien Stücken.

Auf diese Weise erfüllte Gott am gütigen Fürsten Álmos und seinem Sohn Árpád die Weissagung, die Moses den Söhnen Israels kündete: Jeder Ort, auf dem deine Fußsohlen treten, wird dein sein. Darum gehören die Orte, die Fürst Álmos und sein Sohn mit ihren Edelleuten betrat, ihren Nachkommen und sie gehören ihnen noch immer bis auf den heutigen Tag.

Szabolcs

In jenen Tagen erkannte Szabolcs, der ein überaus hellsichtiger Mann war, dass ein bestimmter Ort an der Theiß bestens geeignet war, um eine Burg zu errichten. Mit Unterstützung seiner Gefährten und mit den versammelten Männern des Landes hob er einen großen Graben aus und errichtete eine sehr starke Festung, die nun Szabolcs-Burg[80] genannt wird.

Damals stellten die Bewohner des Landes Szabolcs und seinen Mitstreitern viele Männer zum Dienst in dieser Festung, die heute Bürger[81] ge-

---

80 Heute Szabolcsi földvár – eine Erdburg, zwischen Tokai und Miskolc südlich der Theiß. Kann man besichtigen!

81 Dieses Burgvolk genoss einen besonderen Status als *castrenses* bzw *udvarnici*, zu deutsch etwa Burgleute. Es war für den Un-

nannt werden. Er ließ dort Krieger zurück und unterstellte sie dem Befehl eines adeligen Kämpen mit Namen Eculsu. Dann rüstete er zum Aufbruch. Szabolc und seine Gefährten teilten die Streitkräfte in zwei Teile, einen Teil, um den Fluss Samosch zu erreichen, der andere zog in die Weihwaldlande.

Szabolcs und Tosu, der Vater von Lél, zogen mit der halben Streitmacht die Theiß entlang und unterwarfen die dort wohnenden Stämme. Dann erreichten sie in Richtung des Samosch einen Ort, der heute Saruvar[82] heißt. An dieser Stelle, mitten im Moor, versammelte Tosu, Vater von Lél, ein Heer von Menschen. Er errichtete einen großen Wall und baute eine mächtige Erdburg, die zunächst Tosu-Burg hieß, heute aber Saruvar. Als sie die Söhne derer, die dort lebten, als Geiseln genommen hatten, ließen sie die Burg voller Krieger zurück.

Außerdem gründete Tosu auf Bitten der Menschen, die er seinem Großfürst Árpád unterworfen hatte, einen Handelsplatz zwischen den Weihwaldlanden und der Theiß. Er gab ihm seinen Namen, sodass er bis heute Tosu-Markt[83] heißt.

Sodann zogen Szabolcs und Tosu von dort aus weiter und erreichten die Burg Szatmár[84]. Sie belagerten die Burg und trugen nach dreitägigen

---

terhalt der königlichen Burgen verantwortlich. Im 13. Jahrhundert erlangten viele von ihnen den Status eines *servientes regis, also königliche Bedienstete* und gehörten somit zum niederen Adel.

82 Ich kann diesen Ort leider nicht finden. Es gab aber wohl einmal ein Benidiktinerkloster bei Satu Mare namens Sárvár.
83 Ich konnte den Ort leider auch nicht finden.
84 Heute Satu Mare in Rumänien.

Kämpfen den Sieg davon. Als sie am vierten Tag die Burg betraten, schickten sie die Krieger von Menumorout, die sie dort fangen konnten, in eisernen Banden gefesselt in die tiefsten Kerker, nahmen die Söhne derer, die dort wohnten, als Geiseln und hinterließen in der Burg eine Kriegerbesatzung. Sodann zogen sie zu den anderen vor das Tor von Meszes.

Das Land Nyr

Als Tétény und sein Sohn Horka durch das Land Nyr zogen, brachten sie viele Stämme unter ihre Kontrolle und zwar vom Weihwald bis zum Fluss Omsó[85]. So kamen sie herab und erreichten Zilocs[86], ohne dass jemand eine Hand gegen sie erhob. Fürst Menumorout und seine Männer wagten es nicht, gegen sie zu kämpfen. Sie begannen aber, den Fluss Kreisch zu verteidigen.

Nun erreichten Tétény und sein Sohn Horka, als sie von Zilocs herkamen, die Bezirke von Mesz, wo Sabolcs und dessen Männer weilten. Als sie sich sahen, freuten sie sich sehr und auf dem Fest, das sie feierten, gab ein jeder kräftig mit seinen Siegen an. Am nächsten Morgen berieten sich Szabolc, Tosu und Tétény und sie beschlossen, dass die Grenze von Fürst Árpáds Reich am Mesz-Tor liegen sollte. So bauten die Bewohner des Landes auf ihren Befehl hin steinerne Tore und eine große Barrikade aus Baumstämmen entlang

---

85 Diesen Flusslauf gibt es heute nicht mehr.
86 Heute auf Ungarisch Zilah, Zalău auf Rumänisch, Zillenmarkt auf deutsch, ehemals Waltenberg, eine Kreisstadt in Rumänien.

der Grenze des Reiches. Dann sandten diese drei Männer durch vertrauenswürdige Boten Nachricht von all ihren Taten an Großfürst Árpád und seine Hauptleute.

Als dies Fürst Árpád und seinen Vertrauten berichtet wurde, freuten sie sich sehr und sie opferten auf heidnische Weise. Die Überbringer der guten Botschaft erhielten allerlei Geschenke. Hocherfreut feierten Fürst Árpád und die Hauptleute eine ganze Woche lang ein Fest und fast jeden Tag waren sie wegen dieser erfreulichen Neuigkeiten betrunken. Schließlich brachen Fürst Árpád und seine Männer von Szerencs auf und lagerten am Fluss Sajó von der Theiß bis zum Fluss Honrat.

Sieg und Sicherung

Als Tosu, Szabolc und auch Tétény erkannten, welch großen Sieg Gott ihnen geschenkt hatte und dass sie fast alle Stämme dieses Landes ihrem Herrn unterworfen hatten, sahen sie, wie sehr sie den Bewohnern dieses Landes überlegen waren. Als sie einen geeigneten Ort gefunden hatten, blieben sie dort einige Tage, bis sie die Grenzen des Königreichs mit den starken Wehranlagen befestigt hatten.

Transsilvanien[87]

Während sie dort einige Zeit verweilten, bemühte sich Tétény, er war der Vater von Horka[88] und ausgesprochen listig, von den Einwohnern zu erfahren, wie gut das Land hinter dem Wald sei. Dort war ein gewisser Gelu, ein Wallache, der Herrscher. Tétény begehrte dessen Land und nahm Einfluss, damit möglichst er es als Gunstbeweis für sich und seine Nachkommen von seinem Herren, dem Großfürsten Árpád erhalte.

So wurde es später vereinbart und die Nachkommen von Tétény behielten das Land Transsilvanien bis zur Zeit des heiligen Königs Stephan. Sie hätten es auch noch länger besessen, wenn der jüngere Gyula mit seinen beiden Söhnen Biuia und Bucna, Christen geworden wären und sich nicht immer gegen den heiligen König gestellt hätten, wie ich noch berichten will.

Der kluge Tétény

Der besagte Tétény war ein äußerst findiger Mann und schickte den listigen Ogmand aus, den Vater von Opaforcos. Der sollte

---

87 Im Text steht „terra ultrasilvana", die lateinische Version des ungarischen Namens dieses Landes: *„Erdőelü" (Hinter dem Wald)*. Gemeint ist das Land im Bogen der Karpaten, hinter dem Apuseni-Gebirge. Ich benenne es mit bei uns geläufigeren Begriff Transsilvanien. Gemeint ist das Gebiet, das wir als Siebenbürgen kennen.

88 Die Neigung, schon bekannte Tatsachen zu wiederholen, kann Magister P. nicht ablegen. Es ist wohl eine Berufskrankheit der Lehrer. Wissen Sie es nun also? Wer war der Vater von Horka?

heimlich für ihn in Transsilvanien herumreisen und so seine Schätze und Bewohner auskundschaften. Bei sich bietender Gelegenheit wollte er dann dort einen Feldzug führen, um sich die Adelsrechte und das Land zu sichern. Wie unsere Spielleute sagen: Land nahmen sie sich und zugleich einen Titel. So war das.

Vater Ogmand, der Spion, zog Kreise wie ein Fuchs, nahm das Land in Augenschein, seine Schätze, die Fruchtbarkeit der Erde und seine Bewohner, soweit es ein Mensch nur kann. Er fand die Gegend ausgesprochen wertvoll und kehrte schnellstens zu seinem Herrn zurück. Dort angekommen floss sein Mund über und er berichtete seinem Herrn über das treffliche Land, dass es von herrlichen Flüssen bewässert werde, deren Namen und Schätze er der Reihe nach aufzählte. Gold gäbe es in diesem Land – von bester Reinheit. Er erzählte, wo man es fand oder auch Salz[89]. Die Bewohner dieses Landes aber wären die schlimmsten Waschlappen der Welt, Wallachen und Slawen, die nichts als Pfeil und Bogen als Waffen hätten. Ihr Fürst Gelu sei alles, nur nicht beständig und habe keine guten Krieger um sich. Mit den kühnen Ungarn könnten sie es nicht aufnehmen, weil sie viele Überfälle durch die Kumanen und Petschegenen erlitten hätten.

Der Feldzug gegen Gelu

Als Tétény von dem Reichtum dieses Landes gehört hatte, schickte er Gesandte zu Fürst Árpád, um ihn um Erlaubnis zu bit-

---

89   Magister P. schreibt von „.", also Salz und Salzerzeugnissen. Es könnte sich um eingesalzenen Fisch handeln oder – vielleicht ist es noch einfacher – das für den Handel geformte Salz, z.B. als kegelförmiges Füderl oder als Salzscheiben. Ich kann es nicht recht deuten und beschränke mich darum auf „Salz".

85

ten, nach Transsilvanien vorzudringen und gegen Fürst Gelu zu kämpfen. Fürst Árpád beriet sich, lobte die Initiative Téténys und gab ihm die Erlaubnis, den Wald zu durchqueren, um gegen Fürst Gelu zu kämpfen. Als Tétény dies von seinem Boten vernahm, machte er sich mit seinen Kriegern bereit und ließ seine Waffenbrüder zurück. Er zog nach Osten zum Land Transsilvanien gegen Gelu, den Fürsten der Wallachen. Als Gelu, der Herr dieses Landes, von seinem Kommen hörte, versammelte er seine Armee und ritt ihm schnell entgegen, um ihn am Meszes-Tor aufzuhalten, aber Tétény, der den Wald in einem Tag durchquert hatte, war schneller, durchschritt das Tor[90] und kam am Fluss Almás an. Dort trafen beide Armeen aufeinander, doch der Fluss lag zwischen ihnen. Fürst Gelu plante nun, sie dort mit seinen Bogenschützen aufzuhalten.

Der Tod von Gelu

Am nächsten Morgen, noch vor Tagesanbruch, teilte Tétény seine Armee in zwei Hälften. Einen Teil sandte er ein Stück flussaufwärts. Diese Truppen sollten den Fluss überqueren und Gelus Krieger unversehens angreifen. Dies gelang und da sie die Überquerung mit Leichtigkeit bewältigten, kamen beide Truppenteile gleichzeitig auf dem Schlachtfeld an. Sie

---

90 Hier habe ich frech zwei kurze Nebensätze ergänzt, um den Sachverhalt klarer zu machen: Der Engpass des Meszes-Tores wäre für die Verteidiger wohl besser zu halten gewesen. Doch die Beweglichkeit von Téténys Armee zerstörte ihnen diese Option. Kurz dahinter war aber schon ihre nächste Verteidigungslinie – der Fluss Almás

kämpften heftig und die Krieger von Fürst Gelu wurden besiegt und viele von ihnen getötet. Weitere wurden gefangen genommen.

Als Gelu, ihr Feldherr, dies sah, floh er mit einigen wenigen Männern um sein Leben. Téténys Krieger setzten ihm tapfer nach und erschlugen ihn auf der Flucht zu seiner Burg am Fluss Samosch. Als die Bewohner des Landes den Tod ihres Herrn sahen, hoben sie aus freien Stücken die rechte Hand und wählten sich selbst Tétény, den Vater von Horka, als ihren Herren. An dem Ort, der Esküllö genannt wird, bestätigten sie ihr Versprechen mit einem Eid, und von diesem Tag an heißt dieser Ort Esküllö, weil sie dort geschworen haben[91].

Von da an herrschte Tétény über dieses Land friedlich und glücklich, aber seine Nachkommen besaßen es nur bis zu den Zeiten des heiligen Königs Stephan. Tétény zeugte Horka, Horka zeugte Gyula und Zumbor[92], Gyula zeugte zwei Töchter, von denen die eine Caroldu hieß und die andere Saroltu. Saroltu aber war die Mutter des heiligen Königs Stephan. Zumbor zeugte den jüngeren Gyula, den Vater von Biuia und Bucna. Zu dessen Lebzeiten unterwarf der heilige König Stephan

---

91 Schwören heißt auf Ungarisch esküszik. Dass diese Herleitung des Ortsnamens korrekt ist, darf aber bezweifelt werden. In Urkunden taucht es erstmals 1335 als Uskeleu auf. Ob es also damals schon das Dorf gab, ist zumindest fraglich. Immerhin ist diese Erklärung ein interessanter Hinweis zur zeitlichen Einordnung des Manuskriptes,

92 Hier ist Magister P. ein Fehler unterlaufen. Er führt Gyula und Zumbur als Söhne Horkas auf. Es war wohl nur eine Person, meist als Gyula der Ältere bezeichnet. Der Name Zumbur war wohl ein Eigenname, Gyula als eine Art Ehrenname oder Titel in der Tradition magyarischer Häuptlingstitel.

das Land Transsilvanien und führte Gyula in Fesseln nach Ungarn. Den Rest seiner Tage blieb er gefangen, denn er war treulos und weigerte sich, Christ zu sein. Auch beging er vielfachen Verrat gegen den heiligen König Stephan, obwohl er aus der Linie seiner Mutter stammte.

Fürst Menumorout

Tosu und Szabolcs kehrten nach dem errungenen Sieg zu Großfürst Árpád zurück. Sie hatten das ganze Volk vom Samosch bis zur Kreisch unterworfen. Keiner wagte es, die Hand gegen sie zu erheben. Selbst Menumorout, der Fürst dieser Bewohner, bereitete lieber seine Flucht nach Griechenland vorn als dass er sich gegen sie wenden wollte.

Darauf machten sich Tosu und Szabolcs auf den Weg und stiegen beim Fluss Humusover[93] in den Sumpf von Szerep hinab. So erreichten sie nach einer Weile Szeghalom[94] und wollten dort den Fluss Kreisch überqueren, um gegen Menumorout zu kämpfen. Doch die Krieger von Menumorout machten ihnen, als sie kamen die Überquerung unmöglich. Daraufhin machten sie sich auf den Weg, ritten einen Tag lang und schlugen ihr Lager am Fuße kleiner Berge auf. Dann ritten sie entlang der des Flusses Túr bis zur Theiß und setzten beim Hafen von Dorogma[95] über. Einer der kumanischen Krieger namens Huhot erhielt als

---

93 Diesen Fluss gibt es heute leider nicht mehr.
94 Nun geht es nach Süden, ungefähr knapp die halbe Strecke zwischen Debrezen und Szeged.
95 Heute Tiszadorogma

88

Gunst des Fürsten Árpád dort ein großes Land, das seine Nachkommen noch immer besitzen.

Die Rückkehr von Szabolc und Tosu

Als sie die Theiß überquert hatten, schickten sie zu Fürst Árpád Boten voraus, um ihm die frohe Nachricht zu verkünden, dass Szabolcs und Tosu mit ihrer Armee wohlbehalten zurückgekehrt waren und die Theiß beim Hafen von Dorogma mit all ihren Streitkräften überquert hatten. Als Fürst Árpád hörte, dass Tosu und Szabolcs mit all ihren Armeen wohlauf und auf dem Rückmarsch waren und bereits die Theiß überschritten hatten, gab er ein rauschendes Fest und den Boten der Nachricht allerlei Geschenke.

Als Tosu und Szabolcs sich dann anschickten, den Hof des Fürsten zu betreten, schickte dieser alle seine Krieger voraus, um sie zu treffen und empfing sie mit großer Freude. Da es Brauch guter Herren ist, ihre treuen Männer zu ehren, ließ er sie fast jeden Tag an seinem Tisch essen und gab ihnen viele Geschenke. Sie ihrerseits gaben Fürst Árpád gerne verschiedene Gaben und die Söhne der Einwohner wurden ihm als Geiseln übergeben.

Anmerkungen

BIS ZU DIESEM ABSCHNITT war die Eroberung des neuen Territoriums eher in kleinen, tastenden Schritten und mit viel Vorsicht unternommen worden. Nun, da der Rücken gesichert ist, will Árpád sein Herrschaftsgebiet jenseits der Theiß ausdehnen.

Dabei zeigt er sich nun weit weniger bescheiden. Er möchte kein Fleckchen des Landes mehr. Er beansprucht für sich einen stattlichen Streifen haben, rund 200 km lang und etwa 50 km tief ins Landesinnere hineinreichend. Er fordert das Land sehr selbstbewusst mit dem Recht des legitimen Erben Attilas, einem durchaus fragwürdigen Anspruch, selbst wenn man, wie unser Magister, eine direkte Abkunft annimmt. Immerhin begleitet diese Forderung eine hochrangige Gesandtschaft, auch wenn er keine Stammesfürsten schickt.

Sein „Verhandlungspartner" ist Menumorout, ein Neffe und Lehnsherr des Bulgarenfürsten Sa-

90

lan, der wiederum mit Byzanz verbündet ist. Es ist also nicht irgendwer, mit dem sich unsere Magyaren anlegen. Das oströmische Kaisertum ist zwar stolz, reich und noch immer die beherrschende Großmacht in der Region, doch bei aller Pracht und Macht doch ein wenig zahnlos. Militärisch steht Byzanz nicht mehr auf eigenen Füßen, sondern ist auf Söldner angewiesen. Das wissen die Magyaren genau, haben doch auch sie schon für das Oströmische Reich subuntenehmerisch gearbeitet. Der Kaiser am Bosporus ist Menemorout in diesem für Byzanz eher wenig interessanten und fernen Lokalkonflikt sicher keine große Hilfe. Dafür wiegen die Bulgaren schon schwerer – allein schon wegen der verwandtschaftlichen Bande zu Menemorout.

Die Boten benutzen einen „Theißhafen" um über den Fluss zu gelangen: „fluuium Thysciem in portu Lucy transnauigauerunt" Zuerst fällt das Verb transnavigare auf. Sonst heißt es oft transire, hinübergehen, überqueren. Hier steckt aber das Wort „navis" – Schiff schon drin, weshalb ich mich beim Übersetzen hier eine Überquerung mit einem Boot festlegen möchte. Wie mag ein solcher „Hafen" an der Theiß aber ausgesehen haben?

Ich kann nur vermuten, dass es sich bei diesem Flecken, der immerhin einen Namen hat, um ein Fischerdorf handelte, vielleicht auch eine Art Handelposten. Für die Nachbarn auf der anderen Seite betrieb man vermutlich eine Art Bedarfsfährbetrieb. Wenn so ein Ort günstig lag mag dieser Fährbetrieb zur Bildung einer Landstraße geführt haben. Für Boten, Händler und kleine Gruppen von Reisenden mag das eine Lösung sein. Doch ein Reiterheer wird einen Fluss kaum auf diese Weise überqueren können.

Árpáds Boten erreichen also Menumorout und der antwortet Árpád mit einer klaren Absage. Mit ein paar Nettigkeiten garniert und ohne die Magyaren direkt zu beleidigen, stellt er sich allen Gebietsforderungen selbstbewusst entgegen und verweist auf byzantinischen Beistand. Die Schmähung Attilas als Geißel Gottes und gewaltsamen Landräuber darf man sicher als klare Provokation sehen – zumindest wenn man dem Stammbaum folgt, wie ihn unser Magister entwirft.

Nach dieser starken Eröffnung läuft es aber nicht gut für Menumorout. Árpád zeigt sich in keiner Weise beeindruckt und schickt ihm ein großes Heer, um seine Ansprüche durchzusetzen. Dabei müssen die Magyaren die Theiß überqueren.

Heute sind Flüsse für unsere Reiseplanungen meist kein Faktor mehr. Wir sind gewohnt, gute und stabile Brücken zu finden, wo wir sie brauchen. Damals aber gab es keine.

Ein Heer überzusetzen ist keine einfache Sache. Selbst in der Neuzeit sind amphibische Landeunternehmen schwierig und gefährlich: Man ist, bis die Truppen auf dem anderen Ufer sortiert sind, völlig wehrlos. Gallipoli zeigt, wie sehr ein mangelhaft geplantes amphibisches Manöver in die Hose gehen kann. Diese gelten darum, seit Hannibal die Rhone überquerte, als taktische Herausforderungen. Wie Hannibal dies machte, noch dazu mit Elefanten, kann man bei Polybios nachlesen. Die Magyaren aber als fahrende Söld-

92

ner waren wohl mit diesem Problem ausreichend vertraut und wussten, wie man Flüsse erfolgreich überquert.

Noch eine interessante Tatsache habe ich am Text im Zusammenhang mit Flussüberquerungen gelernt. Immer wieder tauchen Textstellen auf, wo der Ort der Überquerung mit der Einmündung eines anderen Flusses beschrieben wird. Das ist kein Zufall. Hier entstehen oft natürliche Furten, also seichtere Stellen, die das Überqueren erleichtern. Warum? Weil sich hier oft das Sediment des einmündenden Flusses ablagert. Ich sprach deshalb mit einem Wasserbauingenieur. Er bestätigte mir, dass an solchen Orten die Flüsse oft breiter werden und seichter, auch wenn sich zwischen den Kies- und Sandbänken immer wieder schmalere tiefe Rinnen befinden. Dennoch gelingt an solchen Stellen eine Überquerung oft leichter.

Unser Chronist berichtet, dass Szabolc im Sumpf eine Festung errichtet. Später werden wir lesen, dass das Heer im Sumpf übernachten muss. Wenn man sich die Puszta heute vorstellt, erscheint ein Sumpf jedoch nicht vor dem inneren Auge.

Dennoch sind diese Stellen durchaus glaubhaft. Bis zum 19. Jahrhundert, als man begann, die Wasserläufe in der Tiefebene zu regulieren, wurden immer wieder weite Landstriche von Hochwassern überflutet. Entsprechend viele Moore gab es dort damals. Inzwischen wurde das Land systematisch trockengelegt und die Flüsse eingedeicht, um Überschwemmungen zu verhindern. So wurden diese Sümpfe zu einem prosperie-

renden Landstrich. Damals aber war es noch in weiten Teilen eine sehr feuchte und abweisende Landschaft.

Der Feldzug der Magyaren ist durchaus erfolgreich. Menomorouts Untertanen wechseln offenbar sehr bereitwillig die Herren. Es fällt auf, dass die Magyaren hier weit weniger blutrünstig erscheinen, als man es annehmen sollte, wenn man die Berichte von ihren Überfällen auf die westlichen Lande liest. Zwar wird immer wieder, wo es Widerstand zu brechen gilt, recht derb dreingeschlagen. Wir erinnern uns an die Stelle mit den Köpfen der Kumanen, die sie wie Kürbisse knackten. Doch nun lesen wir meist nur von recht kurzen und drastischen, aber nicht ausufernden Machtdemonstrationen.

Das Vorgehen, das Magister P. schildert, läuft nach einem gewissen Schema ab. Unterwerfung, Geschenke (oder Tribut) und Geiseln als Sicherheitsgarantie. Warum geht das alles so relativ „gesittet" bei den ansonsten eher als wild verschrienen Blutsäufern und Mordbrennern?

Denn das waren sie tatsächlich auch, wenn man den Quellen glauben darf. Widukind von Corvey (gestorben 973) schreibt in: rerum gestarum Saxonicarum libri tres:

„Die Magyaren ... lebten nach Art der wilden Tiere, als unzivilisierte Herumtreiber und waren so die allerschlimmsten Jäger."[96] An anderer Stelle heißt es: Wo man ihnen begegnete, „sah man Gestalten von schrecklichen Bräuchen und Sitten

---

96 ferarumque more viventes, inculti et indomiti, facti sunt venatores acerimi

94

und floh sie, weil man meinte, sie wären Dämonen."[97]

Ekkehard IV. von Sankt Gallen berichtet sehr anschaulich vom Überfall eines Magyarentrupps auf das weitgehend evakuierten Kloster. Dieser Bericht ist natürlich auch nach heutigen Maßstäben eher erzählerisch als historisch, aber in sich stimmig und weitgehend glaubhaft.

Das Heer der Ungarn hatte sich zerstreut und zog plündernd in kleineren Trupps durchs Land. Dann „endlich stürmen jene Köchertragenden herein, starrend von drohenden Wurfspeeren und Geschossen. Sorgfältig durchsuchen sie den ganzen Platz"

Einen Mönch finden sie, den sie aber wegen seines närrischen Verhaltens verschonen. Die kompetenten Kirchenplünderer rühren den Altar des heiligen Gallus nicht an. Alte Gebeine taugen nicht als Beute. Doch der Wetterhahn funkelt golden. Beim Versuch den Kirchturmschmuck herabzuholen, stürzt ein Magyare zu Tode, ein weiterer stirbt beim Versuch, im Glockenturm aus dem Giebelfenster auf das Gotteshaus zu kacken. Die Leichen werden verbrannt. Dass dabei nicht auch das Kloster hätten in Schutt und Asche fällt, ist eher Zufall. Zwei zurückgelassene Fässer Wein werden sonderbarerweise auch verschont und sogar die Rinder sind wohl ebenfalls kein erstrebenswertes Plündergut. Es werden Fuhrwerke für den Transport der Beute erwähnt, aber an Zugochsen herrscht offenbar kein Mangel. An Wein

---

97 corpora cultu habituque horrenda vidissent, daemoniae esse credentes fugiebant

offenbar auch nicht, denn das nun beginnende Festmahl ist ausgelassen und bald fliegen Scherzworte und Knochen in der Gesellschaft hin und her.

Die Tischmanieren entsetzen den frommen schweizer Chronisten: Es werden „Schulterstücke und die übrigen Teile der Schlachttiere halb roh ohne Messer mit den Zähnen zerfleischend verschlungen." Nach dem sie einiges getrunken hatten, „schrien sie alle in entsetzlichster Weise zu ihren Göttern."

Als Unterhaltung werden Waffenspiele veranstaltet und ein gefangener Priester mit Scheinexekutionen gequält. Der Spuk ist rasch vorbei. Dieses Mal war die Beute gering und dank der Evakuierung sind auch keine Opfer im Kloster zu beklagen. Dennoch ist bei Ekkehard klar herauszulesen, dass diese Barbaren nicht in ein Europa des 10. Jahrhunderts passen.

Hier in der Puszta aber, bei der Landnahme, gehen die Magyaren recht schonend vor, sind nicht die Ausgeburten der Hölle, wie im Westen. Auch wenn wir unserem Magister Sympathie für die Eroberer unterstellen müssen, klingt diese maßvolle, nichtexzessive Gewalt in meinen Ohren dennoch nicht unglaubhaft. Die Erklärung erscheint mir naheliegend:

Dies sind keine Beutezüge. Sie wollen das Land mitsamt seiner Bevölkerung für sich einnehmen – im doppelten Sinne: Sie wollen die Herrschaft und Herzen gleichermaßen gewinnen. Sie werden kaum ein Interesse an Racheaktionen durch aufgebrachte Unterworfene gehabt haben.

96

Also zeigt man sich deutlich konzilianter, denn man muss ja dauerhaft mit ihnen auskommen. Auch archäologische Funde aus der Zeit der Landnahme zeugen von einer recht raschen und reibungslosen Verdrängung der Oberschicht.

Ohne den Rückhalt seiner Untertanen scheut Menumorout die Konfrontation und zieht sich zurück. Man darf hier wohl bei Magister P. eine gewisse Gehässigkeit feststellen, wenn er diesen Fürsten als einen Gegner zeigt, der zwar gut zu bellen versteht, aber nun doch ohne Biss ist.

Es folgt ein kleiner Exkurs über Tétény, einem Mann, der offenbar strategisch vorzugehen gewohnt war. Er, Tétény, wird der erste ungarische Herr von Transsilvanien und das durchaus nicht zufällig. Wenn wir uns an den Eid erinnern, den die Hetumoger Fürst Álmos und später auch Árpád geschworen hatten, so hieß es da, dass man ein Recht auf einen Anteil an dem erhalten soll, was zu erobern man mithalf.

Tétény nun unternimmt geschickt einen Alleingang: In einer Art Kommandounternehmen hinter den Linien lässt er das Land erst erkunden, um es dann – in Abstimmung mit seinem Fürsten – rasch zu erobern. So bleiben ihm der Ruhm und das Land mit seinen Reichtümern allein. Hier folgt eine bemerkenswerte Stelle, die einen Wertewandel anzeigt. Tétény strebt angeblich danach, mit Transsilvanien auch einen Adelstitel zu erringen, was zunächst einmal widersinnig klingt.

Der Mann ist schon Stammesführer der Magyaren und Mitglied des Rates um Großfürst Árpád. Es gibt nur eine Position, die noch ausge-

zeichneter wäre, nämlich die des Großfürsten selbst. Und doch schreibt Magister P. von einem Adelstitel, um den es dem klugen Mann zu tun gewesen sein soll.

Offenbar ist 300 Jahre nach der Landnahme ein Adelstitel schon so selbstverständlich an ausgedehnten Landbesitz gebunden, dass unser Magister gar nicht auf die Idee kommt, dass ein Stammesfürst ja schon ein Edler seines Volkes ist. Irgendwann in der Zeitspanne zwischen Árpád und Magister P. hat hier also mit der Änderung der Lebensweise ein Paradigmenwechsel stattgefunden. Adelig zu sein und kein Land sein Eigen zu nennen, war offenbar nicht mehr denkbar.

Wenn wir also davon ausgehen, das Tétény sich schon adelig genug fühlt, also Titelsucht für als Motiv ausfällt, was mag ihn angetrieben haben, sich so planvoll Transilvanien zu sichern? Man kann auch hier nur spekulieren, doch Transsilvanien war ein durchaus erstrebenswerter Besitz: Es ist fruchtbar und wird die später, bis zur Trockenlegung der Tiefebene, die Kornkammer des Königreiches sein. Zudem ist es reich an Bodenschätzen und geografisch geschützt. Es ist der rechte Ort für einen starken Charakter, der möglichst selbstständig und nach eigenem Gutdünken handeln möchte. Tatsächlich hat Transsilvanien bzw. Siebenbürgen in der späteren Geschichte Ungarns immer eine besondere Rolle gespielt und starke Fürsten dort konnten sich oft genug gegen die Interessen Österreichs und die des Osmanischen Reiches behaupten und einen beinahe autonomen Sonderweg gehen.

Bei all diesen Vorzügen kann man die Entscheidung Téténys durchaus verstehen, genau dieses Land voller Möglichkeiten sich und seinen Nachkommen zu sichern. Man muss ihn tatsächlich große Weitsicht zubilligen, denn die Verteilung der Ländereien hat schon begonnen und viele Landstücke, die ähnliche Vorzüge so reichlich vereinen, gibt es nicht.

In einem Vorgriff berichtet Magister P. dann auch noch das unrühmliche Ende von Téténys Haus. Mit dessen Nachkomme Gyula dem Jüngeren findet unter König Stephan diese Familie ihr Ende. Gyula wird gefangen und bis zu seinem Tode eingekerkert, da er sich hartnäckig nicht bekehren wollte und gegen den König opponiert. Mir scheint, Magister P. empört sich gleich in dreifacher Hinsicht über den schurkischen Gyula. Dass er hartnäckig dem Heidentum anhängt ist ein Vorwurf. Dass er immer wieder Aufruhr gegen den König schürt ist der zweite. Der dritte aber ist familiärer Natur. Er lehnt sich gegen seinen Onkel auf. Auch wenn der nur angeheiratet ist, so ist es doch Verwandtschaft und die hält noch heute in Ungarn weit besser zusammen, als man es beispielsweise in Deutschland gewohnt ist. Offenbar schwingt bei Magister P. immer noch altes Clan- oder Sippendenken mit. Doch noch liegen dieser Gyula und sein Verrat in ferner Zukunft.

Was die Abenteuer des schlauen Tétény angeht, muss man unseren Chronisten auch einmal für historische Exaktheit loben. Mag er auch anderswo seine Geschichte stark angepasst haben, stützt in dieser Episode mit dem Alleingang Tété-

nys die Geschichtsforschung seine Erzählung. Besonders die Toponymie, die Wissenschaft der Ortsnamen findet reichlich Material für die abgeleiteten Namensformen Tétény, Töhötöm, Tühütüm auch noch in heutigen Ortsnamen und datiert diese Gründungen oftmals um die Jahre der Landnahme um 900, jedoch nicht davor. So ist noch nicht einmal auf die Unzuverlässigkeit unseres Magister P. Verlass.

Derweil flieht Menumorout wohl nach Süden und das ungarische Heer nimmt nicht nur das geforderte Land, sondern – die Gelegenheit ist ja einladend günstig – noch zweimal so viel Land in Richtung Südwesten in Besitz. Dies ist ein großartiger Erfolg und wird auch entsprechende gefeiert. Auch das wird sich zu einem gewissen Schema entwickeln, das den Lesern der Abenteuer von Asterix und Obelix bekannt vorkommen wird. Erst Abenteuer – dann Festmahl.

Wir wollen nun sehen, wie es weitergeht.

100

Weiter nach Westen

Fürst Salan

Nachdem einige Tage verstrichen waren, hielten Árpád und seine Adeligen Rat und schickten Gesandte zu Fürst Salan, um ihm, grade so, als wäre es eine gute Nachricht, den Sieg von Tosu und Szabolcs zu verkünden und von ihm das Land bis zum Fluss Zagyva zu fordern. So wurde es gemacht. Man schickte Etu und Vojta, die, als sie Fürst Salan am Ufer von Olpar gefunden hatten, die frohe Botschaft verkündeten und von ihm das Land bis zum Fluss Zagyva verlangten. Fürst Salan bekam, nachdem er dies gehört hatte, eine Riesenangst und gab, von Furcht gepeinigt, Großfürst Árpád das von ihm beanspruchte Land bis zur Zagyva und obendrein den Gesandten verschiedene Geschenke. Am siebten Tag kehrten Etu und Vojta, nachdem sie sich verabschiedet hatten, zu ihrem Herrn zurück. Großfürst Árpád empfing sie mit allen Ehren, und nachdem er ihren Bericht gehört hatte, brach am Fürstenhof gewaltiger Jubel aus. Der Großfürst aber kam seiner Aufgabe nach und gab seinen treuen Männern große Ländereien als Besitz.

Abreise aus Szerencs

So also zogen der Großfürst und die Oberhäupter der Stämme von Szerencs fort und überquerten den Fluss Sajó an der Stelle, an der die Wasser der Hernád[98] in sie fließt. Sie lagerten sich neben der Hejő zwischen Theiß und Emőd und blieben einen Monat dort. Dort gab der Fürst Bunger, dem Vater von Borso, das Land vom Tapolca-Fluss[99] bis zum Sajó-Fluss, das jetzt Miskolc heißt. Dazu gab er ihm eine Burg, die Győr[100] genannt wird. Sein Sohn Borso schuf zusammen mit seiner eigenen Burg, die Borsod heißt, eine eigene Grafschaft[101].

Die Burg Ösúr und der Fluss Eger

Als der Fürst und seine Edelleute von dort aufgebrochen waren, kamen sie bis zum Fluss Naragy[102] und schlugen dort ein Lager auf, genau an dem Ort, der jetzt Casu[103] heißt. Dort gab Árpád ein großes Land an Ócsád, dem Vater von Örsúr. Der baute am Oberlauf dieses Flusses eine Burg, die heute Örsúr-Burg[104] heißt. Von dort aus kamen Großfürst Árpád und sein Zug an den Fluss Eger. Sie bauten

98 Der kleine Fluss heißt heute Hernnád. Die Stelle liegt etwa 10 km südöstlich von Miskolc.

99 Diesen Fluss kann ich leider nicht finden, doch er ist sicher nicht das Gewässer im Bakony-Gebiet nördlich des Plattensees.

100 Nicht verwechseln mit der Stadt Györ an der Raaba!

101 Unser lieber Magister benutzt „comitatum" als Komitat, was bis heute eine Verwaltungseinheit in Ungarn ist, vergleichbar mit unseren Landkreisen. Da wir uns aber noch in sehr feudalen Zeiten befinden, ist „Grafschaft" wohl der treffendere Begriff.

102 Dieser Fluss existiert leider nicht mehr.

103 Heute Kács in Nordungarn, im Bezirk Mezőkövesd.

104 Die Lage der Ösúr-Burg ist heute umstritten. Lange nahm man an – wegen genau dieser Textstelle – dass die erwähnte Burg die selbe ist, die sich über Kács erhebt. Hier war auch das Kloster des Clans Heute vermutet man, die Burg ist die heute zerstörte Erdburg im Gebiet Miskolc-Bükkalja nahe von Sály, weil dort wohl das Zentrum des Clans war.

102

dort die Jurten auf[105] und blieben einige Tage da. Hoch auf einem Berg errichteten sie eine Laube. Den Hügel nannten Zenuholmu[106]. Ihr Lager reichte vom Fluss Toros bis zu Burg Poroszló[107]

Sodann zogen sie bis an den Fluss Zagyva und lagerten sich dort am Ufer[108] Flusses, von dessen Mündung in die Theiß bis hinauf zu den Waldungen der Mátra. Alle Einwohner des Landes wurden unterworfen – von der Kreisch bis hin zum Fluss Zagyva und dem Wald von Zepus[109]. Im Wald der Mátra schenkte der Großfürst Árpád Ed und Edum ein großes Land, dort wo später ihr Neffe Pota eine Burg errichtete. Aus den Kindeskindern der Brüder ging lange Zeit danach König Sámuel hervor, der wegen seiner Frömmigkeit Oba genannt wurde.

Die Burgen von Nógrád und Nyitra[110]

Zu dieser Zeit erkannte Großfürst Árpád, dass er dank seiner Kämpfer unglaublichen Erfolg hatte. Auch für Sicherheit war nun

---

105 Ich schreibe hier Jurte und nicht Hütte. Magister P. benutzt das Wort „tugurium", nicht das gebräuchlicher „casa". Jurte und tugurium sind sich aber klanglich so ähnlich, dass ich vermute, es ist ein Lehnwort, das die Römer von nomadisierenden Völkern des Orients übernommen haben.

106 Heute heißt dieser Ort Szinhalo.

107 Heute ein Städtchen am Theiß-Stausee.

108 Was ich mit Ufer übersetze, nennt unser Chronist mit der originellen Vokabel „crepitudo". Die genaue Bedeutung liegt zwischen Schlucht und Steilufer. Da es auf einen Lagerplatz angewandt wird und man aus taktischen Erwägungen wohl kaum an einem Abgrund kampieren wird, nenne ich es einfach „Ufer".

109 Heute im Landkreis slovakischen Spiš.

110 Nógrád, zu deutsch Neuburg, in Nordumgarn heißt immer noch so, Nyitra liegt inzwischen in Slovakei, heißt dort Nitra und zu deutsch Neutra.

gesorgt. So hielt er Rat und sandte eine große Schar Kämpfer zu einem Feldzug aus. Sie sollten die Leute um die Burg Gumur[111] und Nógrád unterwerfen und, soweit es das Glück zuließ, danach auch zu den Grenzen Böhmens[112] bis zur Burg Nyitra vorrücken.

Er übergab den beiden Söhnen seines Onkels Hulec die Befehlsgewalt für die Soldaten dieser Expedition, Zuárd und Kadusa, und auch an Huba, einem der Stammesführer. Daraufhin nahmen die drei Abschied von ihrem Fürsten Árpád und machten sich auf zu jenem Ort, den man Pásztó[113] nennt. Sie ritten am Fluss Hangony[114] entlang und überquerten ihn beim Fluss Sajó. Von dort aus zogen sie durch die Gebiete der Burg Gumur zum Berg Bolhád[115] und von da aus über die Gemarkungen von Nógrád bis hin zum Fluss Caliga[116].

Von da reisten sie zum Ufer der Donau, überquerten den Fluss Verőce[117] und errichteten ihr Lager am Ipoly[118]. Weil sie von Gott gesegnet waren,

---

111 Heute Gemer in der Slovakei, auf ungarisch Sojágömör.

112 Wieder benutzt Magister P. einen politischen Begriff seiner Gegenwart, der aber für die Zeit Árpáds verfehlt erscheint. Es gab zu dieser Zeit noch kein Land Böhmen, es bildete sich eben erst. Immerhin gab es dort eine Vielzahl von Böhmischen Stämmen.

113 Stadt im Kreis Nógrád. Der Ort ist zwar seit der Antike besiedelt, der Name könnte aber auf ein altiranisches Wort für Lager zurückgehen. Da die Ungarn vor der Landnahme mit Iranern durchaus Umgang hatten und kultureller Austausch nachgewiesen wurde, konnte der Name von den Magyaren stammen.

114 Heute eher ein Bach nahe der Stadt Ózd.

115 Diese Gebirgsregion zwischen Nyitra und Gemer ist seit 1919 aufgeteilt und hat keinen allgemein gebräuchlichen Landschaftsnamen. Es war wohl ein Teil des Cserhát-Gebirges.

116 Heute der Fluss Galga in Nordungarn.

117 Ich fand nur den Ort Verőce.

118 Fluss in Ungarn und der Slovakei.

104

hatte ein jeder Angst vor ihnen, vor allem, da die Kunde umlief, dass sie von Fürst Árpád, dem Sohn von Fürst Álmos, Erbe von König Attila abstammten. Daraufhin ergaben sich alle Slawen furchtsam und freiwillig, die das Land bewohnten. Keiner der vorherigen Untertanen von Fürst Salan rührte eine Hand gegen sie. Schlotternd vor Angst dienten sie ihnen, als seien sie einst ihre Herren gewesen. Als Zuárd, Kadusa und Huba, von dem der kluge Zemera abstammt, sahen, wie viel Volk sie ohne Krieg unterwarfen, veranstalteten sie ein gewaltiges Fest.

Den Edelleuten der Landbevölkerung, die ihre Söhne als Geiseln gegeben hatten, machten sie verschiedene Geschenke und brachten sie mit honigsüßen Worten unter die Herrschaft von Fürst Árpád, ganz ohne Waffengewalt. Ja, sie nahmen sie sogar mit auf ihren Feldzug. Ihre Söhne aber schickten sie mit verschiedenen Geschenken an Fürst Árpád, worüber sich der Fürst ebenso freute wie die Edelleute. Der Sitte gemäß gaben sie den Boten der guten Kunde viele Geschenke.

Der Garam und die Burg von Bors

In der Zwischenzeit überquerten Zuárd und Kadusa, die Söhne von Hulec und auch Huba, mit all ihren Streitkräften den Fluss Ipoly nahe an seiner Mündung in die Donau. Tags darauf durchquerten sie den Fluss Garam[119] und lagerten in der Ebene neben einer irdenen Burg, die man Várad[120] nennt. Als sie diese Burg erobert hatten,

---

119 ungarisch Garam, slovakisch Hron, deutsch Gran.
120 Nitriansky Hrádok in der Slkowakei, auf ungarisch Kisvárad.

blieben sie drei Tage dort und warteten auf die Ankunft von Borsu, dem Sohn von Bunger, den Fürst Árpád mit einer großen Schar Krieger zur Unterstützung geschickt hatte. Am vierten Tag kam Borsu mit starken Truppenkräften bei ihnen an. Da hatten alle Einwohner große Angst und niemand traute sich, Widerstand zu leisten.

Die vier Anführer hielten nun Kriegsrat ab und beschlossen, mit einem Drittel der Truppen und Kräften der Einheimischen in die Gegend des Waldes von Zulon[121] zu ziehen. Sie folgten damit der Bitte und dem Vorschlag von Einwohnern, die ihnen ergeben waren. Dort zogen sie die Grenze ihres Reiches und legten starke Befestigungen aus Stein und Holz an, dass später ja keine nördlichen Plünderer[122] einfallen konnten, um zu rauben. Zu diesem Unternehmen bestimmten sie Borsu, den Sohn von Bunger, mit seinen Kriegern und schickten sie los.

Als diese den Fluss Garam entlang ritten, scheuchten sie einen Hirsch auf. Der floh vor ihnen einen Berg hinauf bis zu einem Gipfel. Borsu setzte ihm eiligst nach und erlegte ihn mit seinen Pfeilen auf der Bergspitze. Als er dann dazu kam, sich dort in den Bergen etwas umzusehen, kam ihm der Gedanke, dort eine Burg zu bauen. So brachte er eine Menge Burgvolk[123] zusammen und

---

121 Vermutlich nahe der Burg von Zovlen in der Slovakei, auf ungarisch Zólyom.
122 Magister P. schreibt hier von Böhmen und Polen. Da es diese damals noch nicht als greifbare Staatsgebilde gab, verbessere ich ihn und schreibe allgemeiner „nördliche Plünderer". Ich hoffe, er sieht es mir nach.
123 Wieder benutzt unser Chronist das Wort „cives", das ich mit Burgvolk umschreibe.

errichtete auf einem der höheren Berge eine ausgesprochen starke Festung. Er benannte sie nach
sich selbst, und so heißt sie Borsufeste[124]. Von dort
aus zog er mit seinen Kriegern weiter in den Wald
von Zulon und gab Befehl, dort eine sehr große
Festung aus Stein[125] zu bauen, die jetzt Burg Borsed Zulon[126] heißt.

Die Stadt Nyitra

Als Boros aufgebrochen war, machten sich
auch Zuárd, Kadusa und Huba auf und
verließen mit ihren Truppen die Burg
Várad. Hinter dem Törsök-Wald[127] am Fluss Zsitva[128] schlugen sie ihr Lager auf. Tags darauf entsandten sie Späher. Dafür wählten sie Männer, die
bewiesen hatten, dass sie Schneid haben. Sie überquerten die Nyitra, um zu erkunden, ob es möglich
sei, ohne Kampf und Blutvergießen an der Stadt
Nyitra vorbei zu ziehen. Die Kundschafter ritten
auf schnellstem Wege zur Mündung des Flüsschen
Turmas[129], wo es sich in die Nyitra ergießt. Dort
trafen sie auf Einwohner jenes Gebietes, Slawen
und Böhmen, die sich ihnen in den Weg stellten
und dabei vom Fürsten der Böhmen unterstützt
wurden. Nach dem Tode von König Attila besetzte
nämlich der Fürst der Böhmen[130] das Land an der

---

124 Heute Tekovský Hrádok, ungarisch Barsvárad in der Slowakei.
125 Hier heißt es ausdrücklich: aus Stein. Die meisten der Burgen
    waren also aus Holz gebaut.
126 Vermutlich Zovlen, in der Slowakei, auf Ungarisch Zólyom .
127 Vermutlich zwischen den Flüssen Zsitva Gran gelegen.
128 Der Fluß liegt heute in Slowenien. Er heißt dort Žitava.
129 Diese Stelle konnte ich leider nicht ausmachen.
130 Die Historiker sehen das heute ein wenig anders als unser Chro-
    nist. Richtig dürfte allerdings sein, dass auch von Norden im

Donau zwischen Wag und Garam und schmiedete daraus ein Reich. Inzwischen war Zubur vom Fürst der Böhmen huldvoll und offiziell zum Fürsten von Nyitra erhoben worden.

Die Spione der Fürsten

Als die Kundschafter, die von Zuárd und Kadusa ausgesandt worden waren, erkannten, dass die Slawen und Böhmen es nicht mit ihnen aufnehmen konnten, sangen dreimal ihre Bögen und mehrere Gegner starben durch ihre Pfeile. Das sahen die Slawen und Böhmen, die Zubur zum Schutz bestimmt hatte, und sie erkannten, dass die Hetumoger wahrhaftig furchtbares Kriegsgerät benutzten. Solche Wunderwaffen[131] hatten sie noch nie erblickt. Sofort vermeldeten sie dies Zubur, ihrem Fürsten und den anderen Häuptlingen der Provinz.

Die Schlacht von Fürst Árpád

Als Zubur das hörte, zog er ihnen mit einer großen Streitmacht entgegen, unterstützt von den Böhmen, um gegen sie zu kämpfen. Beide Heere kamen zugleich am Fluss Nyitra an. Zuárd, Kadusa und Huba versuchten, den Fluss zu überqueren. Zubur, der Fürst von Nyitra aber und seine Krieger kämpften unermüdlich und wollten sie auf keine Weise hinübergelangen lassen.

Laufe der Zeit slawische Siedler eingesickert sind. Ein böhmisches Reich oder ein Reich böhmischer Stämme in Ungarn gab es aber nicht.

131 Der Reflexbogen

Lange tobte der Kampf und die Ungarn machten viele der Böhmen und Slawen mit ihren Pfeilen nieder. Am dritten Tag konnten sie den Fluss nicht überschreiten, denn er führte Hochwasser, doch am vierten Tag erlebten alle Böhmen und die Slawen aus Nyitra den Mut der Ungarn. Sie hielten den Beschuss durch die Pfeile nicht mehr aus und flohen Hals über Kopf auf schnellstem Wege in die Stadt, um ihr Leben zu retten. Sie wurden in Nyitra eingeschlossen und hatten gewaltige Angst.

Zuárd, Kadusa und Huba verfolgten sie mit einer großen Schar Soldaten zur Stadt. Manche töteten und andere verwundeten sie und etliche nahmen sie gefangen.

Zubur, ihr Fürst aber wollte noch auf der Flucht gegen sie kämpfen. Von der Lanze von Fürst Kadusa getroffen wurde er jedoch gefangen genommen. Dem restlichen Volk in der Stadt verschlug es förmlich die Sprache. Am nächsten Tag begannen Zuárd, Kadusa und Huba mit einem großen Heer die Stadt Nyitra auf verschiedene Arten mit Entschlossenheit zu bestürmen. Gott aber schenkte ihnen einen großen Sieg. Die Krieger drangen in die Stadt ein und vergossen dort das Blut vieler Gegner. Vom Zorn hingerissen zerrten sie Zubur, den Fürsten dieser Provinz, den sie drei Tage zuvor gefangen hatten, auf eine hohe Klippe und ließen ihn dort in einer Schlinge baumeln. Seit diesem Tage wird der Berg deshalb Zuburberg genannt.

Aufgrund dieser Ereignisse fürchteten sich alle Bewohner des Landes. Die Edelleute gaben ihre Söhne als Geiseln und alle Stämme ergaben sich bis hin zum Fluss Waag. Weil aber die Gnade des Herren ihnen vorauseilte, ergaben sie sich nicht nur, sondern sie konnten auch alle ihre Burgen einnehmen. Dies sind die Namen, soweit wir sie kennen: Sempte, Gálocs, Trencsén, Becko und Bán.[132]

Als sie die Burgbesatzungen organisiert hatten, ritten sie bis zum Fluss Morva und errichteten mit starken Bollwerken die Grenze des ungarischen Reiches bis nach Baranya[133] und Saruvár[134].

Sobald der Sieg errungen war, kehrten sie zurück zu Fürst Árpád und alle, die sich im Land widersetzt hatten, nahmen sie mit – in eisernen Ketten. Als nun Zuárd, Kadusa und Huba mit all ihren Gefangenen zu Fürst Árpád zurückkehrten – heil und unverletzt – herrschte großer Jubel am Hofe. Fürst Árpád nahm, wie es der Rat der Fürsten vorgeschlagen hatte, den Aufständischen, die aus der Gegend von Nyitra kamen, den Treueeid ab und schenkte ihnen Land, jedoch an verschiedenen Orten, damit sie keinesfalls mehr Aufruhr schüren, wenn sie in ihre Häuser zurückkehren oder denen schaden, die in Treue an der Grenze bei Nyitra leben. Im Rahmen derselben Feierlichkeiten erhob Árpád Huba zum Grafen von Nyitra und den dortigen Burgen und schenkte ihm das Land von der Zitava bis zum Tursoc-Wald.

---

132 Diese fünf Ortschaften liegen alle in der westlichen Slowakei und heißen dort Šintava, Trenčín, Beckov und Bánovce und Bebravou.
133 Brvnište, eine Gemeinde in der Nordwestslowakei.
134 Vermutlich nördlich Brvnište.

DIE UNGARISCHEN HELDEN UNTER *Árpád* hatten zu *Beginn dieses Abschnitts im Karpatenbecken einen schönen Bogen am Gebirge entlang unter ihre Kontrolle gebracht und das – so schildert es unser Magister P. – ohne allzu große Schwierigkeiten.*

Hätte es so nicht ausgereicht? Hätten sie sich nicht begnügen können? Vielleicht. Aber warum sollten sie das tun? Sie ritten ja geradezu auf einer Welle des Erfolgs. Magister P. erwähnt oft genug die Unterstützung durch den Heiligen Geist. Er geht also von einer göttlichen Mission aus. Árpád und seine Magyaren sollten im himmlischen Auftrag ein großes und starkes Ungarn im Westen der Europäischen Großmächte etablieren und – hier wird er unangenehm chauvinistisch – als überlegenes Volk all die doofen Wallachen, Bulgaren und Slawen beherrschen.

Das ist natürlich eine für die ungarischen Könige schmeichelhafte Geschichtsinterpretation, legitimiert sie doch die Eroberung des Karpatenbe-

ckens, die man euphemistisch die Landnahme nennt. Wenn wir die Situation der Magyaren aber praktisch betrachten, ist eine Erweiterung nach Westen und Süden für Árpád durchaus wünschenswert. Zum einen bietet das Land im Westen – da dünn besiedelt – gute Möglichkeiten, um sich niederzulassen. Zum anderen ist ein starker Gegner dort nicht zu erkennen. Man pocht also auf die hunnischen Ahnen und auf das ererbte Recht auf das Land, vor allem aber auf das Recht des Stärkeren.

Árpád und sein Rat beschließen, mit dem eingeschlagenen Kurs fortzufahren und der heißt Expansion. Diesmal tritt der Fürst der Magyaren jedoch sehr selbstsicher auf und er hat Erfolg!

Auf die bloße Forderung hin tritt Fürst Salan ängstlich und beeindruckt von der militärischen Stärke der neuen Nachbarn einen weiteren riesigen Streifen Landes ab. Das Gebiet ist ein Uferstreifen nördlich der Theiß von etwa 100 km Luftlinie, samt Hinterland, dem Bükk-Gebirge und der Matra, einer der landschaftlich schönsten Teile des Landes, auch wenn ich denke, dass der Gedanke an lukrativen Tourismus für die Magyaren keine Rolle bei der Forderung spielte.

Dies diese bereitwillige Abtretung erscheint mir gar zu leicht zu gehen. Salan lässt die Ungarn so bis auf etwa 40 km an seine Burg und Residenz herankommen und macht sie durch diese Abmachung nur noch stärker und sich selbst verwundbarer.

Als Árpád nun in dieses neu erworbene Land weiter vorrückt, stößt er auf keinen nennenswer-

112

ten Widerstand. Vom Erfolg ermutigt beschließen die Hetumoger nun im Norden noch weiter nach Westen vorzustoßen – allen Abmachungen zum Trotz. Man scheut sich also nicht, sich mit Salan anzulegen und stößt so sehr weit über das zugestandene Stück Land hinaus. Andererseits geht man auch nicht auf frontalen Konfrontationskurs, denn dies sind Salans weiter entfernte Domänen, die er vielleicht eher bereit ist aufzugeben. Unter der Leitung von Zuárd, Kadusa und Huba wird ein großes „Expeditionskorps" entsandt und der Erfolg ist herausragend. Die Bevölkerung ordnet sich unter und erscheint so willig und verlässlich, dass man hier sogar Hilfstruppen und Festungsmannschaften rekrutieren kann.

Die Episode, wie Borsu einen Hirsch jagend den Ort einer Festung findet, ist in mehrfacher Hinsicht interessant: Unser lieber Magister P. nennt ausdrücklich Pfeile als Jagdwaffe und ist dabei vermutlich historisch korrekt. Die bevorzugte Jagdwaffe seiner Zeit wäre eine Armbrust, die Bolzen verschießt und keine Pfeile. Doch die Hauptwaffe der Magyaren waren ja die kurzen Reflexbögen aus Horn und Holz, kunstvoll verleimt, etwa so, wie man sie heute noch bei den Mongolen in Gebrauch hat.

Dass ein Magyarischer Feldherr bei einer militärischen Operation seinen ganzen Hausstand mitnimmt, also auch eine edle Jagdwaffe dabei hat, ist wenig wahrscheinlich. Pfeil und Bogen hat er aber sicher mit dabei.

Nur so nebenbei: Nicht nur der Turul-Vogel ist ein herausragendes Totemtier der Skythen, Hunnen und Magyaren, auch der Hirsch ist es. Bei Simon Kezai, einem anderen Chronisten des 13. Jahrhunderts, findet sich die Sage vom „Wunderhirsch", der an der Entstehung des magyarischen Volkes beteiligt ist. Die legendären Ahnen der Hunnen und Magyaren waren nämlich die Zwillinge Hunor und Magor. Die verfolgten gemeinsam jagend eine göttliche Hirschkuh. Sie trieben sie immer weiter und so führte sie das Tier in ein Land, das bestens zur Viehhaltung geeignet war, was sie fortan besiedelten. Die Nachkommen von Hunor wurden die Hunnen, die von Magor die Magyaren und beiden ist der Hirsch heilig.

Dass hier ein so verehrtes Tier den Ort für den Bau einer Festung vorgibt, unterfüttert die Entscheidung zusätzlich mit göttlichem Willen. Übrigens gibt es diese Form der Offenbarung auch bei uns, Man denke an die Legende von Heiligen Eustachius, einer ganz ähnlichen von Heiligen Hubertus.

In den frisch eroberten Gebieten hören sich die Ungarn auch die Bitten der neuen Untertanen an und entsprechen ihnen, wo es ihnen sinnvoll erscheint. Widerstand aber wird brutal gebrochen. Die Eroberung und Plünderung von Nyitra ist ein gutes Beispiel. So herrschen sie mit Zuckerbrot und Peitsche.

Man kann durchaus Ziel und Absicht in Árpáds Handeln erkennen. Mit den eroberten Gebieten will er das sich dynamisch entwickelnde Reich weiter nach Norden und Westen absichern. Dass gerade die Magyaren sich vor Überfällen plündernder Truppen zu schützen trachten, entbehrt nicht einer gewissen Ironie: Sie waren es doch, die das blitzartige Überfallen von ganzen Landstrichen gerade in Perfektion beherrschten und

114

die Hilflosigkeit der Opfer lehrbuchhaft vorführten. Noch ein ganzes Jahrhundert später drangen sie zu kühnen Raubzügen weit nach Westen vor. Lange Zeit konnte ihnen niemand Einhalt gebieten. Es brauchte einen Heiligen, nämlich Ulrich von Augsburg, und auch der schaffte es nur mit der Unterstützung des Kaisers und den vereinten Kräften des deutschen Reiches auf dem Lechfeld, ihnen Paroli zu bieten. Doch auch noch danach überfielen magyarische Reiter fremde Territorien, erst mit Großfürst Géza endet diese Praxis.

Ganz nebenbei knackt Magister P. eine Rätselnuss, an der sich die Geschichtsschreibung lange die Zähne ausgebissen hatte, und zwar in einer kleinen Bemerkung zu den Nachfahren von Ed und Edum, die ihre verdienten Landgeschenke erhalten,.

Hier erwähnt er König Samuel Aba, (König von 1041-44). Wenn unser treuer Chronist den Beinamen Aba auf Frömmigkeit zurückführt, irrt er sich wohl. Aba ist vielmehr der Familienname eines ungarischen Adelsgeschlechts. In diesem Punkt liegt unser Magister also daneben. Dennoch er bringt zugleich auch viel Licht in die Geschichte.

Das 11. Jahrhundert war recht ereignisreich. Es wirr zu nennen, ist keine Übertreibung und zudem ist es eine nicht sehr gut dokumentierte Zeit. Man kannte in diesen turbulenten Jahren aus Münzfunden einen König – Samuel Rex. Die schriftlichen mittelalterlichen Quellen aber nannten ihn nicht. Zugleich kursierten etliche mittelal-

terliche Schriften, die – je nach Herkunft – einen König Aba, Ovo oder Odo in dieser Zeit kennen.

Gab es zwei Könige? Einen Gegenkönig oder ehrgeizigen Renegaten?

In den Wirrnissen dieser Jahre war das nicht auszuschließen. Interessanterweise ist unser Magister P. tatsächlich der einzige, der die Verbindung zwischen dem vielfach erwähnten König Aba/Ovo/Odo und dem Samuel Rex von den Münzfunden herstellt. Doch sein Werk war lange Zeit verschollen oder von der Wissenschaft unbeachtet. Erst diese kleine Stelle zeigt, dass es wohl ein und dieselbe Person war. Ich kann förmlich hören, wie in dem Studierzimmer ein einsamer Geschichtsforscher bei dieser Entdeckung die Korken knallen ließ.

Die Ungarn reihen also Sieg an Sieg und die Eroberung der Burg Várod wird nur en passant in einem Nebensatz abgehandelt, als handle es sich dabei lediglich um eine Formalität und Selbstverständlichkeit. Unser Magister P. hat schon eine beeindruckend hohe Meinung von den Fähigkeiten seiner Helden und ihrer Mission.

Noch etwas fällt auf: Dieses Mal schickt Árpád seinen Heerführern auf ihrer Mission Truppen zur Verstärkung. Das ist insofern bemerkenswert, weil bislang alle Hauptleute ihre Missionen ohne Unterstützung bewerkstelligt hatten. Was der Grund war, dies nun zu ändern, darüber kann man nur spekulieren.

War die gestellte Aufgabe, die Zuárd, Kadusa und Huba lösen sollten, größer als erwartet? War sie diesmal trotz der Anfangserfolge doch zu

116

groß? Hatten die Heerführer womöglich um Verstärkung gebeten? Oder brannten – da ja die Donau als natürliche Grenze infrage kam und dann nicht mehr sehr viel zu erobern übrig gewesen wäre – viele Kämpfer ungeduldig auf ihren Einsatz, damit auch sie sich auszeichnen und Belohnungen verdienen konnten? Wir wissen es leider nicht.

In Nyitra müssen die Eroberer noch einmal grob werden und zeigen sich von ihrer uncharmant-rachsüchtigen Art, als sie den gefangenen Fürsten Zubur aufhängen und die Stadt kurz, aber heftig plündern. In der Schilderung unseres Magisters sind sie aber nach kurzem Blutrausch wieder besonnene und maßvolle Herren.

Wer ihnen Widerstand geleistet hatte, wurde nicht hingerichtet, sondern nur umgesiedelt, das aber nicht als Gruppe, sondern einzeln, um Verschwörungen vorzubeugen. So können sie die Opposition weitgehend unblutig zerschlagen. Ob es so war? Wer kann es sagen? Es ist vielleicht nicht historisch, aber eine schöne Geschichte ist es doch. Vorsicht ist jedoch angebracht. Es passt zu gut zum Bild neuen Herren, die gerecht und milde herrschen, wo immer es möglich ist.

Andererseits sind wir in einem Zeitalter, in dem Klansdenken und Blutrache noch alltäglich waren. Es wäre mehr als nur unpraktisch, wenn man sich durch eine unsinnig blutige Niederschlagung des Widerstands ein unübersehbare Anzahl von Feinden schafft, die auf Vergeltung sinnen. Es ist also durchaus möglich. Am Ende sind aber all diese Überlegungen leider nur Spekulation.

117

Kehren wir also zurück zum roten Faden der Erzählung, wo die Ungarn gerade Fürst Sala ein gewaltiges Stück seines Landes abgenommen haben.

Das Imperium schlägt zurück

Die Armee der Griechen und Bulgaren

Inzwischen sorgte sich Fürst Salan, der die Macht und Erfolge der Ungarn studiert hatte. Er fürchtete, dass sie ihn in ihrer Eroberungswut[135] irgendwann aus seinem Reich vertreiben würden.

So beriet er sich mit den Seinen, und sandte Boten zum Kaiser der Griechen und zum Fürst der Bulgaren. Er bat sie um Beistand im Kampf gegen Fürst Árpád und die Ungarn. Der Kaiser der Griechen und der Fürst der Bulgaren sandten beide ein großes Heer zu Fürst Salan. Als es diesen beim Ort Tetel[136] erreichten, jubelte der Hof des Fürsten.

Am darauf folgenden Tag hielten Fürst Salan und seine Adeligen eine Ratsversammlung ab. Dann sandten sie Boten zu Fürst Árpád. Die sollten bestellen, dass Salan sie seines Landes verweise und ihnen befehle, in das Land ihrer Geburt zurückzukehren. Als die Boten bei Fürst Árpád ankamen und ihm die Anordnungen von Fürst Salan vortrugen, waren Fürst Árpád und seine Adligen aufgebracht.

---

135 Ich bin hier beim Übersetzen ein wenig freier: „die von Jähzorn Geführten" kam mir einfach zu hölzern vor.

136 Gemeint ist wohl Тител (Titel) in Serbien, eine kleine Ortschaft im südlichen Bezirk Bačka, ein paar Kilometer nördlich des Zusammenflusses von Donau und Theiß. Dies zeigt auch, wo Salans Gebiet endete und das seiner bulgarischen Verwandten begann. Die Donau markierte die natürliche Grenze.

Sie ließen dem Fürsten Salan durch eben diese Boten das Folgende ausrichten:

„Das Land, das zwischen Donau und Theiß liegt, und das Wasser der Donau, die von Regensburg bis nach Griechenland fließt[137], haben wir mit unserem Geld gekauft – damals, als wir noch Neuankömmlinge waren. Als Preis gaben wir zwölf weiße Pferde und so weiter, wie oben beschrieben. Er selbst hat die Güte seines Landes gelobt und ein Säckchen voll mit Kräutern aus dem Sand von Olpar geschickt und zwei Flaschen mit Wasser der Donau. So befehlen wir Eurem Herrn, Fürst Salan, dass er unser Land verlässt und schnellsten Schrittes zum Land der Bulgaren geht, von wo sein Urahn nach dem Tode unseres Stammvaters, König Attila, hergekommen ist. Wenn er aber dies nicht tut, so soll er wissen, dass wir gegen ihn zu Felde ziehen – und zwar schon bald."

Die Gesandten vernahmen dies, reichten ihren Abschied ein und machten sich mit langen Gesichtern auf den Weg zu Fürst Salan. Fürst Árpád hingegen brach mit seinen Edelleuten und dem ganzen Heer am Fluss Zagyva[138] auf. Am Fuße des Berges Törtel[139] bis hin zur Theiß schlugen sie ihr Lager auf. Von dort aus zogen sie am Ufer der Theiß entlang bis sie den Sand von Olpar erreichten.

---

137 Magister P. hatte wohl bestenfalls eine 2 in Erdkunde, wenn man von einigen Regionen absieht, wo er offenbar sich sehr detailliert auskennt.

138 Nebenfluß der Theiß in Nordungarn.

139 Heute beim gleichnamigen Ort.

Salans Aufbruch gegen Fürst Árpád

Mit seinen griechischen und bulgarischen Unterstützungstruppen brach nun Fürst Salan seinerseits in Tetel auf. Außer sich vor Wut ritt er, seine Ratgeber verachtend, gegen Fürst Árpád zu Felde.

So nächtigten beide Heere dicht beieinander. Natürlich wagte niemand, in der Nacht zu schlafen. Die gesattelten Pferde die ganze Zeit am Zügel in der Hand haltend verbrachten die Krieger die Dunkelheit. Am Morgen aber, noch vor Sonnenaufgang, bereiteten sich beide Armeen auf den Kampf vor.

Fürst Árpád aber, dessen Beistand der Gott aller war, rüstete sich, befahl seine Schlachtordnung und bat darauf unter Tränen Gott um Stärke für seine Krieger. Dann hielt er eine Rede:

„Skythen, die ihr nun nach der Burg Ung Ungarn heißt, wegen der Arroganz der Bulgaren, vergesst ja nicht in Eurer Angst vor den Griechen Eure Schwerter und verliert nicht Euren guten Namen. Lasst uns mit aller Kraft und Macht gegen die Griechen und Bulgaren streiten, denn die kämpfen etwa so wie unsere Frauen. Lasst uns die Schar der Griechen ebenso fürchten wie eine Schar Weiber!"

Als sie das gehört hatten, waren die Krieger voll Kampfesmut und Lél, der Sohn von Tosu, stieß in sein Horn. Bulsu, der Sohn von Bogat hob die Standarte und ritt an der Spitze der Armee gegen die Griechen in die Schlacht. Die beiden feindlichen Armeen bekämpften sich nun aufs Heftigste,

Da nun das gesamte Heer des Fürsten Árpád mit dem Heer der Griechen rang, wurden viele der Griechen und Bulgaren niedergestreckt. Fürst Salan aber erkannte, dass die Seinen den Krieg verloren. Da flüchtete er, sein Leben rettend, nach Belgrad[140].

Die Griechen und Bulgaren aber waren in Panik und orientierungslos. Sie wussten nicht mehr, welchen Weg sie gekommen waren. So suchten sie ihr Heil in der Flucht und wollten die Theiß durchschwimmen, denn sie hielten sie für ein kleines Flüsschen. Die Ungarn versetzten sie in so überwältigende Angst und Furcht, dass sie fast alle in der Theiß ertranken. Kaum einer kehrte heim, um dem Kaiser die Unglücksbotschaft zu vermelden. Seither heißt dieser Ort wo die Griechen den Tod fanden, bis auf den heutigen Tag Hafen der Griechen[141].

Der Sieg Árpáds

Nachdem Fürst Árpád und seine Krieger diesen Sieg errungen hatten, zogen sie zum Teich, der Curtueltou[142] genannt wird. Dort blieben sie am Wald von Gemelsen[143] vierunddreißig Tage. An diesem Ort regelten der Fürst und seine Adeligen alle Rechtsangelegenhei-

---

140 Београд , heute Hauptstadt von Serbien. Damals ein Hauptort der Bulgaren auf einer römisch-byzantinischen Stadt fußt.

141 Ich konnte den Hafen nicht ausmachen. Auf Dr. Mártys Karte ist er ein Stück westlich von Titel eingetragen.

142 Dieser Teich ist heute leider verschwunden, war aber vermutlich bei Ópusztaszer.

143 Dieser Wald müsste bei Ópusztaszer liegen. Dort ist – von sehr spärlichen Resten abgesehen – kein Wald mehr.

ten des Reiches, wie man dem Fürsten und Stammesoberhäuptern dienen solle oder wie sie Recht zu sprechen sei, wenn ein Verbrechen begangen würde.

Dort auch schenkte der Fürst den Oberhäuptern, die mit ihm gezogen waren, verschiedene Orte mit all ihren Bewohnern. Den Ort, wo all dies festgelegt wurde, nannten die Ungarn in ihrer Sprache Szer[144], weil dort alle Regelungen des Reiches vereinbart wurden.

Diesen Ort gab der Fürst Ond, den Vater von Ete, mit dem Land von der Theiß bis zum Teich Botua und vom Curtueltou-Teich bis zum Sand von Olpar. Später aber, als einige Zeit vergangen war, baute Ete, der Sohn des Ondu mit einer großen Schar von Slawen zwischen der Burg Olpar und dem Hafen Beuldu[145] eine starke Erdburg, die die Slawen in ihrer Sprache Surungrad[146] nennen, das heißt, die schwarze Burg.

Árpáds Aufbruch

Später zogen Fürst Árpád und seine Edelleute von dort aus nach Titel und brachten das Volk dort unter ihre Kontrolle. Von da zogen sie zum Hafen von Zoloncaman[147] und alle

---

144 Heute Ópusztaszer.
145 Diesen Hafen oder Flussübergang kann ich leider nicht finden. Die Karte von Dr. Márty aus dem 19.Jahrhundert zeigt zwar ein Stückchen von Csongrád einen mit Böldirév bezeichneten Flussübergang, doch moderne Ortsnamen und Karten liefern keinen Hinweise mehr.
146 An dieser Stelle liegt heute der Ort Csongrád.
147 Heute Novi Slankamen (Нови Сланкамен) in Serbien, einen Katzensprung flussabwärts der Mündung der Theiß in die Donau.

Stämme, die zwischen Theiß und Donau wohnten, beugten sich seiner Herrschaft. Danach zogen sie weiter in die Gegend von Bodrog[148] und schlugen ein Lager am Fluss Vajas[149] auf. In diesen Landen gab der Fürst Tosu, dem Vater von Lél, zusammen mit seinem Onkel Culpun, dem Vater von Botond, große Ländereien mitsamt ihren Bewohnern.

Daraufhin beschlossen Fürst Árpád und seine Edelleute im Rat ein Heer nach Belgrad über die Donau gegen Salan zu entsenden. Als Anführer und Befehlshaber der Streitkräfte bestimmten sie Lél, den Sohn von Tosu, Bulsu, Sohn von Bogat und Botond, den Sohn von Culpun. Die nahmen Abschied von Fürst Árpád und überquerten die Donau ohne Gegenwehr dort, wo die Save in die Donau mündet[150]. Von dort aus machten sie sich auf und ritten gegen Belgrad.

Da rückte der Fürst der Bulgaren, ein Blutsverwandter von Fürst Salan mit großen Streitkräften heran, verwickelte sie in Kämpfe und wurde dabei von griechischen Truppen unterstützt. Anderntags zogen beide Heere in Schlachtordnung auf dem Feld am Ufer der Donau auf.

Sogleich hob Lél, der Sohn des Tosu, die Standarte und Bulsu, der Sohn von Bogat, ließ sein Kriegshorn erschallen und sie griffen an. In wildem Schlachtgetümmel kämpften die feindlichen Heere und bekämpften einander sehr heftig. Sehr

---

148 Heute Bezdán (serbisch Бездан / Bezdan, deutsch Besdan) in Serbien, ein Stückchen nördlich von dem Ort, wo die Drau in die Donau mündet.

149 Das Flüsschen bildet heute mit anderen Flüssen einen Kanal zur Wasserregulierung.

150 Das ist kurz vor Belgrad.

124

viele Griechen und Bulgaren fielen und etliche wurden gefangen. Als der Fürst der Bulgaren aber erkannte, dass seinen Leute desertierten, machte er sich eilends vom Acker und eilte in die Stadt Belgrad, um sein Leben zu retten.

Als der Sieg errungen war, schlugen Lél, Bulsu und Botond ihr Lager ein Stück abwärts an der Donau auf. Alle gefangenen Bulgaren und Griechen wurden ihnen vorgeführt und dann in Eisen zu Fürst Árpád nach Ungarn geschickt.

Die Boten des Fürsten der Bulgaren

Tags darauf schickte der Fürst der Bulgaren Unterhändler mit verschiedenen Geschenken zu Lél, Bulsu und Botond. Er bat sie flehentlich um Frieden und verkündete obendrein, dass er nicht mehr der Untertan seines Onkels Salan sei, sondern sich Árpád, dem Fürsten der Ungarn, unterwerfe und ihm in Treue dienen wolle. Auch einen jährlichen Tribut wolle er zollen. Da er auch seinen Sohn verpfändete, stimmten sie dem Frieden zu und verließen mit vielen Schätzen Bulgariens das Land, den Fürsten aber ließen sie unversehrt.

Sie brachen dann zum Tor von Wazil[151] auf und eroberten von dort aus das Land Razien[152]. Den dortigen Fürsten nahmen sie gefangen und legten ihn lange Zeit in Eisen. Weiter zogen sie ans Meer[153] und brachten alle Völker jener Länder

---

151 Das Eiserne Tor, der Donaudurchbruch durch die südlichen Karpaten einerseits und dem Banater Gebirge andererseits.
152 Magister P. meint wohl das Gebiet von Serbien und Montenegro.
153 Zur Adria, müssen wir wohl schließen.

125

unter die Oberhoheit von Árpád, dem Fürsten der Ungarn, mal mit besonderem Nachdruck, mal mit friedlicher Überredungskunst. Die Stadt Split eroberten sie und ganz Kroatien konnten sie dem Reich einverleiben. Die Söhne der Edelleute nahmen sie als Geiseln und sandten sie nach Ungarn zurück zu Fürst Árpád.

Wenn ihr ihre Kriegstaten und Heldenstücke in diesem Krieg nicht in diesem Buch nachlesen wollt, so glaubt nur den albernen Liedern der Gaukler und den wirklichkeitsfremden Geschichten der Bauern. Die nämlich haben die Leistungen und Kämpfe der Ungarn bis zum heutigen Tage nicht in Vergessenheit geraten lassen. Es gibt Leute, die reden oder singen davon, dass sie sogar bis Konstantinopel kamen und dass Botond dort persönlich das Goldene Tor mit seiner Axt gemeißelt habe.

Ich las aber in keinem Buch der Geschichtsschreiber davon, sondern hörte darüber nur alberne Volksmärchen. So schlage ich vor, das in diesem Werk auszulassen.

Zagreb, Pozsega und Valkó

Bulsu, Lél und Botond zogen von dort aus zu einem Wald, der Peturgoz[154] genannt wird, stiegen da ins Tal des Culpe[155] hinab und schlugen am Ufer ihr Lager auf. Als sie diesen Fluss überquert hatten, ritten sie weiter zum Fluss

---

154 Vermutlich die Gegend um den Nationalpark Plitvicer Seen.
155 Heute der Fluss Kulpa, kroatisch Kupa, bzw. Kolpa auf slowenisch, ein Nebenfluss der Save in Kroatien und Slowenien. Vom Wald von Peturgoz aus nördlich gelegen.

126

Zoua[156], überschritten auch den und eroberten die Burg Zagreb. Weiter ging's für die Reiter zur Burg Pozsega[157] und zur Burg Valkó[158], die sie beide eroberten. Sie überquerten die Donau beim Hafen der Griechen, dann reisten sie heim zum Hofe von Fürst Árpád.

Als Lél, Bulsu und Botond mit ihren Kämpfern nach mehr als einem Jahr heil und gesund und mit einem großen Sieg zu Fürst Árpád zurückkehrten, herrschte großer Jubel am ganzen Hof. Ein Riesenfestmahl wurde veranstaltet.

An diesem Fest- und Feiertag tafelten die Ungarn mit vielen verschiedenen Nationen. Als die benachbarten Völker von den Großtaten hörten, kamen sie alle zu Fürst Árpád. Aus reiner Treue dienten sie ihm als Untertanen mit großer Hingabe. Die meisten dieser Gäste wurden zu Mitgliedern seines Haushalts.

Die Donauinsel

Später machte sich Fürst Árpád auf und in der Gegend, wo heute die Burg Bodrog[159] steht, kam er zur Donau herab bis zu einer großen Insel. Sie schlugen neben der Insel ein Lager auf und Fürst Árpád betrat mit seinem Hofstaat das Eiland. Als er die üppige Fruchtbarkeit

---

156 Den Fluss konnte ich nicht finden.
157 Pozsega , kroatisch Požega, Slavonisch Požega, lateinisch Posega, deutsch Poschegg, eine Stadt in der im Osten Kroatiens in der Region Slawonien.
158 Vukovar, serbisch-kyrillisch Вуковар, ungarisch Vukovár, auf deutsch Wukowar, eine Stadt im Osten Kroatiens.
159 Die genaue Lage ist heute nicht mehr bekannt. Dr. Márty zeichnet eine Burg Bodrog bei Сомбор – Sombor in Serbien ein.

dieses Ortes erkannte und sah, wie gut er durch das Wasser geschützt war, gewann er den Ort lieb, mehr als man sagen kann.

Sie kamen überein, dass die Insel dem Fürsten gehören und jedes Mitglied des Hofstaates auf ihr Haus und Hof haben solle.

Sofort ordnete Fürst Árpád an, dass die mitgereisten Handwerker mit dem Bau der Hallen des Fürsten beginnen sollten. Die von der langen Reise erschöpften Pferde schickte er zum Grasen. Einen seiner Reitknechte machte er zum Meister der Pferde, einen blitzgescheiten Kumanen mit Namen Sepel. Wegen Meister Sepel, der dortblieb, wurde die Insel Csepel[160] genannt und so heißt sie bis zum heutigen Tage.

Der Fürst und sein Hof blieben dort mit ihren Dienern und Dienerinnen von April bis Oktober und die Herren dienten ihren Damen in Frieden und mit Eifer. Dann nahmen sie nach gemeinsamem Beschluss Abschied und brachen auf, um jenseits der Donau das Land Pannonien unter ihre Herrschaft zu bekommen und gegen die Kärntener Krieg zu führen. Sie bereiteten sich vor bis zu den Marken der Lombardei zu ziehen. Doch bevor sie dies tun konnten, entsandten sie das Heer gegen Fürst Glad, dessen Reich sich vom Fluss Maros[161] bis zur Burg Horom[162] erstreckte. Aus dessen Geschlecht entstammte lange Zeit später Otho, den Sunad erschlug.

---

160 Hier handelt es sich um die große Donauinsel Csepel. Ihr Nordende reicht bis ins südliche Stadtgebiet von Budapest.
161 Rumänisch Mureș, deutsch Mieresch oder Marosch, ein Fluss in Rumänien und Ungarn
162 Heute der Aranka in Rumänien.

Zuárd, Kadusa und Boyta brachen auf und überschritten bei Kaniza[163] die Theiß und zogen am Fluss Aranka[164] entlang, doch sie entdeckten keinerlei Gegner, der gegen sie die Hand erhoben hätte, denn die Angst vor ihnen beherrschte alle Menschen jenes Landstrichs. Von dort aus ritten sie zur Gegend Banat[165] und blieben dort für zwei Wochen, dann hatten sie alle Einwohner dieser Gegend vom Maros bis hin zur Temesch[166] sich Untertan gemacht und Geiseln genommen. Sie ließen den Ort hinter sich und ritten mit dem Heer zum Fluss Temesch. Dort lagerten sie neben einer sandigen Furt. Just als sie die Temes überschreiten wollten, kam ihnen Glad,[167] der Fürst dieses Landes, mit einem großen Heer über den Weg. Reiter und Fußvolk gab es da und Hilfstruppen von den Kumanen, Bulgaren und Walachen.

Am nächsten Tag verhinderten beide Heere, dass das jeweils andere den Fluss Temesch überqueren konnte. Da wies Zuárd seinen Bruder Kadusa an, mit der Hälfte seines Heeres weiter flussab zu reiten, um ihn an einer geeigneten

---

163 Heute Kanjiza in Serbien.
164 Heute ein Flüsschen in Rumänien.
165 Magister P. nennt es Beguey. Es ist wohl das Banat, die Region zwischen Donau, Theiß und Marosch.
166 Ungarisch Temes, rumänisch Timiş, serbisch Тамиш der Tamiš, deutsch Temesch, Nebenfluss der Donau.
167 Kennern des Originaltextes wird auffallen, dass ich hier den erneuten Hinweis auf den Nachfahren Otho ausgelassen habe. Magister P. macht seinem Namen alle Ehre. Den „Lernstoff" wiederholt er mit geradezu enervierenden Geduld immer wieder. Hier an der Stelle, hält es nur auf, ohne dem Leser zu größerer Klarheit zu verhelfen. Ich denke, wir können darauf verzichten. Sollten Sie, lieber Leser anderer Meinung sein, dürfen sie das Ausgelassene gerne übersetzen: ... a cuius progenie Othum descendit

Stelle zu durchschreiten und dann die Feinde anzugreifen.

Kadusa gehorchte seinem Bruder und brach sogleich auf. Mit dem halben Heer galoppierte er wie der Wind stromabwärts und es war als eilte die göttliche Gnade ihnen voran, und es gelang ihnen der Übergang mit Leichtigkeit.

So war dann ein Teil des Heeres der Ungarn mit Kadusa jenseits des Flusses, der andere mit Zuárd war diesseits. Da bliesen die Ungarn ihre Kriegshörner und begannen, den Fluss überschreitend, einen gewaltigen Angriff. Weil aber Gott in seiner Gnade ihnen voranschritt, schenkte er den Ungarn einen großen Sieg. Ihre Feinde fielen vor ihnen wie die Garben vor den Schnittern. In diesem Gefecht fielen zwei kumanische Fürsten und drei Khane[168] der Bulgaren. Ihr Fürst jedoch, Glad, konnte entkommen. Sein ganzes Heer jedoch schmolz dahin wie Wachs in der Flamme und wurde aufgerieben von der Schärfe ihrer Schwerter.

Nach diesem Sieg zogen Zuárd, Kadusa und Boyta zur Grenze der Bulgaren und schlugen ein Lager am Fluss Ponjavica[169] auf. Fürst Glad war voller Furcht vor den Ungarn auf seiner oben erwähnten Flucht in die Burg Kovin[170] geflohen. Am dritten Tage ordneten Zuárd, Kadusa und Boyta, aus dessen Stamm Brusca hervorging, ihre Armee

---

168 Magister P. benutzt das Wort kenezy, bei dem ich denselben Stamm wie in Kahn vermute. Also bin ich so frei und nehme dieses Wort. Im modernen Ungarisch lautet es schlicht „kán".

169 Vermutlich nordöstlich von Belgrad.

170 Kovin, serbisch-kyrillisch, rumänisch Cuvin, ungarisch Kevevára, deutsch Kubin oder Temeschkubin, eine Stadt östlich von Belgrad in Serbien.

und sie griffen die Burg Kovin an. Als Fürst Glad sie sah, flehte er sie mittels Gesandten um Frieden an, übergab freiwillig die Burg und sandte ihnen viele Geschenke.

Von dort aus eroberten sie die Burg Orsova[171] und für einen Monat wohnten sie dort. Boyta aber schickten sie mit einem Drittel des Heeres zusammen mit all den Söhnen der Bewohner, die ihnen als Geiseln verpfändet worden waren, zu Fürst Árpád zurück. Obendrein schickten sie Gesandte und baten ihn um die Erlaubnis, nach Griechenland zu reiten, um so ganz Makedonien[172] für sich zu gewinnen, von der Donau bis zum Schwarzen Meer, denn die Ungarn brannten damals auf nichts so sehr als Länder zu besetzen, Völker zu erobern und das Kriegshandwerk zu üben. Die Ungarn zu dieser Zeit freuten sich wie die blutsaugenden Egel über das Vergießen von Menschenblut. Wären sie anders gewesen, hätten sie ihren Nachfahren nicht so gute Lande hinterlassen. So war das!

Boyta zog mit den Boten der beiden anderen Hauptleute zu Fürst Árpád und sie berichteten ihre Taten. Der Großfürst lobte ihr Werk und gab ihnen freie Hand, nach Griechenland vorzustoßen und sich das Land zu erobern. Boyta gab er für seine treuen Dienste ein großes Land an der Theiß mit

---

171 Ein Stück Donauabwärts von Belgrad
172 Makedonien am schwarzen Meer? Aus der Sicht unseres Magisters ist das so, denn für ihn sind offenbar Griechenland und Makedonien Synonyme und für das Byzantinische Reich. Und das erstreckte sich damals von der Adria bis zum schwarzen Meer und reichte in weite Teile Kleinasiens, zumindest nominal. Die südlich der Donau lebenden Bulgaren waren damals zwar weitgehend autonom, waren aber offiziell Teil des Reiches.

dem Namen Tarras[173]. Die Boten der Brüder Zuárd und Kadusa aber nahmen Abschied und kehrten zu ihren Herren zurück.

Die Bulgaren und Makedonen

Als eine Zeit verstrichen war, durchquerten Zuárd und Kadusa unter den Standarten des ganzen Heeres die Wasser der Donau und eroberten die Burg Barancs[174], danach rückten sie weiter zur Feste Scereducy[175] vor. Bulgaren und Makedonen, die dies hörten, fürchteten sich sehr vor ihnen und alle Bewohner dieser Lande schickten ihnen Boten mit vielen Gaben, ergaben sich und stellten ihre Söhne als Geiseln. Zuárd und Kadusa schlossen Frieden und nahmen die Geschenke und Geiseln an. Sie verließen sie in Frieden. Die Unterworfenen konnten sich als Völker weiter selbst verwalten.

Das Heer aber zog weiter zur Pforte von Wazil, nahmen die Burg Phillipps[176] ein und danach das Land bis zur Stadt der Cleopatra[177]. So hatten sie dann das Land von der Stadt Durazo[178] bis zum Lande Rác. Zuárd nahm sich in diesem Lande eine Frau. Jenes Volk aber blieb auch nach Zuárds Tod in Griechenland. So nennt man sie heute Sobamogera, was auf Griechisch soviel wie Dummvolk

---

173 Ungarisch Tiszatarrós ,serbisch Тараш / Taraš, ein Ort am linken Theißufer.
174 nahe bei Baranjsko Petrovo Selo im Nordosten Kroatiens.
175 Das heutige Sofia in Bulgarien.
176 Vermutlich Philippopolis, heute Plovdiv.
177 Vermutlich das heutige Ypati.
178 Durrës in Albanien, unweit von Tirana.

heißt, weil sie sich nach dem Tod ihres Herren weigerten, in ihre Heimat zurückzukehren.

Anmerkungen

In kürzester Zeit überrollen die Magyaren das Land und errichten mit großem Erfolg ihr Reich, das auch noch – wir schenken hier einfach unserem Magister Glauben – von der Bevölkerung akzeptiert wird. Dass der (Ex-)Potentat dieser Lande das nicht unwidersprochen zulässt, war abzusehen. So wendet sich Fürst Salan nun an den Kaiser der Griechen.

Hier endlich – mit dem Begriff Kaiser – wird klar, dass Magister P. mit den Griechen tatsächlich das Byzantinische Reich meint. Die hatten einen Kaiser, Griechisch war dort Amtssprache und sie waren die große, alte, aber auch schon ein wenig gebrechliche europäische Großmacht zwischen Adria und dem Schwarzen Meer. Den Balkan und seine Randgebiete, also auch Ungarn, betrachteten sie als ihren „Hinterhof“ und waren an „Unordnung“ darin nicht interessiert. Doch auch damals schon war der Balkan recht dynamisch. So bemühte sich Byzanz zu dieser Zeit schon eine

133

Weile, die unruhige Gegend mit immer neuen Ver-
trägen oder mit der militärischen Stärke durch
Söldnerheere zu befrieden – ohne dauerhaften Erfolg.

Mit Byzanz als Rückhalt sendet Salan Árpád
Boten mit einem Satz unhaltbarer Forderungen:
Kernpunkt ist ein völliger Rückzug aus dem gan-
zen Gebiet und die Rückkehr über die Karpaten.

Wenn Politik die Kunst des Machbaren ist,
stellt diese Forderung bestenfalls eine klare Provokation dar, die beinahe einer Kriegserklärung
gleichkommt. Magister P. unterstellt Salan wohl
realpolitische Blindheit und ein übergroßes Be-
wusstsein der vermeintlichen militärischen Überlegenheit. Vielleicht hält er das ganze Unternehmen nur für einen größeren Überfall der Magyaren, so wie andere zuvor – ein vorübergehendes
Übel, einem Schnupfen nicht unähnlich, der von
allein wieder ausheilt.

Was immer Magister P. ihm für Motive unterstellt, Salans Reaktion wirkt dumm, denn schließlich haben die Magyaren bisher sehr überzeugend
gezeigt, wie wehrhaft sie sind und auch, wie ent-
schlossen. Sie wollen das Land und sie sind dieses
Mal definitiv nicht auf der Durchreise.

Der Hof Árpáds reagiert auf diese Provokation prompt und ungehalten: Salan wird seinerseits
aufgefordert, das Land unverzüglich aufzugeben,
das seine Vorfahren von Attila usurpiert hätten. In
der Antwort Árpáds werden nun auch aus den
scherzhaft zugestandenen Proben von Wasser und
Kräutern die Symbole eines Kaufvertrages und
aus den Geschenken der Kaufpreis. Die Sache mit

134

dem Kaufvertrag ist rechtlich sicher ein wenig schwierig. Ob man damit heute bei einem internationalen Gerichtshof Recht bekäme, darf sehr ernsthaft bezweifelt werden.

Was ist das nun? Eine freche Umdeutung alter Abmachungen, also eher eine schlaue Schurkerei? Wir alle haben eine Schwäche für geriebene Gauner und sympathische Schurken. Doch wir sollten einen Moment darüber nachdenken, wer dieser Gauner denn wäre. Árpád ist immerhin der Fürst der Ungarn. Hier handelt der Vater der Nation und der Sohn des wunderbar gezeugten Einers seines Volkes. Obendrein ist er auch der Ahn des größten aller Ungarn, von König Stefan, dem Heiligen. Solch eine halbseidene Trickserei würde wohl zu einem Ganoven passen, wäre aber dieser nationalen Ikone kaum angemessen. Könnte es sein, dass hier nomadische Traditionen mit den Rechtsbräuchen der eher sesshaften Bulgaren kollidieren und Árpáds Hofstaat tatsächlich solch ein symbolisches Rechtsgeschäft zu machen glaubte?

Da in dem Bericht unseres Magisters solch eine Fixierung auf symbolische Akte ansonsten kaum vorkommt und die Magyaren in ihrem Handeln eher pragmatisch vorzugehen scheinen, halte ich das für wenig wahrscheinlich. Ich denke eher, es ist der etwas verquere Versuch, einen Rechtsanspruch zu konstruieren, um Árpáds Forderungen zu legitimieren, also die Entschuldigung unseres Chronisten dafür, dass Árpáds alle Abmachungen und Verträge mit Salan gebrochen hat, um ihn aus seinem eigenen Land zu drängen.

Es kommt zur Schlacht und unser Magister schenkt auch Árpád eine motivierende Rede an seine Truppen. Wir erinnern uns an Álmos vor Kiew, der dort eine ähnliche Rede hielt? Diese Reden sind natürlich nicht überliefert. Sie sind frei erfunden. Das ist ein gängiger Topos seit der antiken Geschichtsschreibung. Wer Sallust lesen durfte, kennt aus der „Verschwörung des Catilina" mehrere solcher Reden.

War die Rede von Álmos noch einigermaßen ausführlich und originell, ist die von Árpád nun eher mickrig geraten, fast primitiv. Gehen wir aber einfach davon aus, dass er es im wahren Leben besser gemacht haben wird, als es unserem Chronisten gelang.

Hier und auch an vielen anderen Stellen wird unser Erzähler nicht müde, den göttlichen Segen und den himmlischen Beistand seiner Helden zu betonen. An diesem Punkt der Schilderung muss er sich sogar auf theologisches Glatteis begeben, denn immerhin ziehen ja gerade Heidenkrieger gegen ein zumindest in weiten Teilen christliches Heer zu Felde. Kann er da schreiben, Gott wäre auf der Seite der Feinde des Kaisers, des Beschützers der Gläubigen? Schwerlich! Noch weniger kann er natürlich schreiben, die heidnischen Götter würden die Ungarn unterstützen. Denn zum einen gibt es die nach theologischer Lehre gar nicht, und zum anderen käme er gewiss in Teufels Küche, wenn er den allmächtigen, christlichen Gott gegen nicht existierenden Heidengötter unterliegen ließe. Unser Freund windet sich geschickt heraus:

Gott ist für alle zuständig – deus omnium – und hier unterstützt er die Sache der Ungarn. Nicht weil die Christen nicht fromm sind, sondern weil es ihm so gefällt. Im folgenden Satz betet Árpád, obwohl er noch ein Heide ist, und wird so zu einem Protochristen, einem, der das Licht ahnt, ohne es klar zu erkennen. Diese Vorstellung war in der Scholastik eine gängige Lehre, die die Verehrung auch heidnischer Autoren und anderer Vorbilder ermöglichte.

Die Magyaren treffen also auf die vereinigte Heere der Bulgaren und kaiserlichen Truppen, doch der Himmel ist mit den Ungarn. So kennt die Schlacht nur einen Ausgang: Einen Triumph für die Magyaren. Salan flieht, die Gegner werden zerstreut und viele Griechen ertrinken in der Theiß. Man täusche sich bitte nicht über die Kraft des Wassers, das so ruhig und träge dahinzufließen scheint.

Der Autor dieser Anmerkungen hatte das Vergnügen, selbst in der Theiß zu baden und kann den Lesern versichern, dass der Fluss, auch wenn er kaum ein Gefälle hat, dennoch einen unglaublichen Sog entwickelt. Schon im hüfttiefen Wasser hat man Mühe zu stehen. In voller Kriegsmontur sich in den Fluss zu werfen, darf man getrost als selbstmörderisch betrachten.

Ganz kurz nur schimmert beim Auftakt der Schlacht ein wenig „moderne Anschaulichkeit" durch. Magister P.s Stil ist meist eher sachlich, trotz all seines Engagements. Doch die meisten Figuren bleiben Namen in Stammbäumen. Hier ist eine der wenigen Stellen, wo es ausnahmsweise

ein wenig bunter wird: Da erklingt Borsus Kriegshorn und Lél, der tapfere Krieger reckt die Standarte ... es wird fast filmisch. Man ergänzt im
Geist das Schnauben und Hufgescharre der Pferde, das Klirren der Sporen, die Kriegsrufe, ich
sehe die langen Reihen der Magyaren mit ihren
Bögen und pferdehaargeschmückten Lanzen. Ich
hätte mir ein wenig mehr solcher Szenen ge-
wünscht. Aber unser Notar fällt rasch zurück in
seinen nüchternen Kanzleistil, wenn er beschreibt,
wie es weitergeht.

Die nun folgenden Kampagnen führen die Ungarn ans Meer. Zur Adria, um genau zu sein.
Magister P. schreibt hier eher im Telegrammstil.
Während er sich in den nördlichen Gegenden des
Reiches und um die Theiß herum sehr detailverliebt zeigt und versucht möglichst vielen Landmarken und Orten eine eigene Legende zu geben
und ihnen ein eigenes Kapitel widmet, wird hier
ein gewaltiger Feldzug im Original mit einem einzigen langen Bandwurmsatz zusammengefasst.
Man kann vermuten, dass unser Notarius von den
erwähnten Gegenden kaum mehr kennt als die
Namen. Im Umkehrschluss muss man vermuten,
dass er mit Nordungarn und dem Landen rund um
die Theiß vertraut ist und viele Orte aus eigener
Anschauung kennt.

Von Belgrad aus ging es nach Südwesten. Zuerst erobern sie das Land Raszien, also Serbien
und Montenegro – offenbar ohne nennenswerte
Hindernisse um dann bis nach Split zu gelangen.

Für die Rückreise wählten die ungarischen
Touristen eine andere Strecke: Sie zogen nach

138

Norden, durch den heutigen Nationalpark Plitvicer Seen bis Zagreb, das sie auch einnahmen, und von da aus nach Westen über Požega und Vukovar Richtung Belgrad und dort zurück über die Donau nach Ungarn.

Auch dieser „Ausflug" endet glücklich und es wird erneut großartig gefeiert. Dieses Mal feiern die neuen Untertanen mit. So ist das Fest schon beinahe ein Fest der Völker in der sich nun vereinenden jungen Nation.

Zwischenzeitlich lässt sich Árpád auf der Donauinsel Csepel häuslich nieder. Das wäre nicht sonderlich bemerkenswert, wenn es nicht einen so deutlichen Bruch mit der magyarischen Tradition darstellen würde. Dieses mobile Reiter- und Viehhaltervölkchen hatte bisher auf feste Repräsentations- und Verwaltungsbauten verzichtet. Zwar gab es in der alten Heimat vermutlich Hütten für Bauern und deren Vorräte, doch der Adel lebte in Jurten, reiste den Herden nach und mochte es mobil.

Da überliefert ist, dass die Magyaren auch schon als Nomaden sehr prunkliebend waren, müssen wir davon ausgehen, dass ihr unstetes Dasein Luxus nicht ausschloss. Mangel daran wird wohl kaum der Grund für die Entscheidung gewesen sein, eine Residenz zu bauen.

Ausschlaggebend wird wohl eher die Einsicht gewesen sein, dass die sich nun gründende Nation der Ungarn deutlich von der nomadisierenden Reiterschar unterschied, die mit Álmos aufgebrochen war. Man hatte eine Vielzahl von sesshaften Bewohnern als Untertanen gewonnen. Die Eroberungen und neuen Gefolgsleute erforderten eine *andere Struktur und damit eine neue Ordnung. Das überkommene System aus einem mehr oder weniger losen Stammesverbund war da nicht mehr geeignet. Ich denke, vor allem darum setzt Árpád auf dem Csepel den Grundstein für seine Fürstenresidenz und zugleich auch für ein neues System der Herrschaft.*

Dieses System ist noch nicht klar definiert. Dieser Bau eines Regierungssitzes und seine Anordnung, die Mitglieder seines Hofstaates sollten ebenfalls dort Häuser errichten, zeigt klar: Hier soll etwas Neues entstehen. Auch die lange Rast von einem halben Jahr wird Árpád und sein Rat nicht allein der Minne gewidmet haben, wie Magister P. schreibt. Man kann davon ausgehen, dass hier auch Pläne für die Zukunft der jungen Nation geschmiedet wurden.

Wir erinnern uns: schon kurz vorher, nach der Schlacht gegen die Bulgaren machte Árpád im Wald von Gemelsen vierunddreißig Tage Rast, um die Rechtsangelegenheiten seines Reiches zu regeln. Blicken wir nun einmal etwas genauer hin: Im Original steht „consuetudinarias leges regni et omnia iura eius." Also wörtlich „alle gewohnheitmäßigen Rechte seines Herrschaftgebietes und alle seine Gesetze.

Es gibt also in seinem jungen Reich widerstreitende Interessen und Rechtsansprüche, Gewohnheitsrecht – das der eroberten Bevölkerung einerseits, aber auch die Rechte, die die Magyaren bis lang gepflegt hatten. Dem gegenüber steht nun das Gesetz des Fürsten, eines, dass nicht auf altem Herkommen fußt sondern auf seiner Autorität und der Notwendigkeit, Dinge zu regeln.

Árpád scheint klar zu sein: Nur mit Gewohnheitsrechten kann man das entstehende Ungarn nicht regieren. Er nimmt sich fünf Wochen Zeit, um die ersten Fundamente seines neuen, notwendigen Staatssystems zu legen. Wenn man bedenkt, wie viel er erobert hat und in welch kurzer Zeit, erscheint das knapp bemessen zu sein.

Nun, mit dem Bau einer Residenz auf dem Csepel, einem festen Sitz für Herrscher, Rat und Verwaltung, setzt er den Eckpfeiler seines neuen Staates.

Der Ort der neuen Residenz ist gut gewählt. Diese Insel ist groß – der Länge nach misst sie fast 50 km – und ihr nördliches Ende reicht heute bis ins Stadtgebiet von Budapest hinein. Als Insel ist sie schwer angreifbar und fruchtbar. Wie schön es auf einer Donauinsel sein kann, kann jeder nur wenige Kilometer weiter nördlich auf der Margareteninsel in Budapest erleben. Vor allem aber liegt die Insel ziemlich in der Mitte Ungarns. Von hier aus kann man rasch in jede Richtung gelangen. Nur die Legende, die Magister P. um den Namen der Insel häkelt, ist ebenso putzig wie unwahrscheinlich.

Im Herbst zieht Árpád weiter. Während auf dem Csepel die Bauarbeiten weitergehen, will Árpád einerseits die Gebiete westlich der Donau sichern.

Auch setzt man noch einmal Salan nach. Das zwingt die Ungarn zu einem letzten Feldzug gegen die südöstlichen Nachbarn. Ein vertriebener Po-

tentat mit Truppen in der Nachbarschaft ist offenbar eine zu große Gefahr. Die Hetumoger wollen diese Angelegenheit endgültig regeln. Erneut kommt es zu blutigen Schlachten und wiederum obsiegen die Magyaren.

Nun aber reicht es offenbar den Bulgaren. Sie wollen nicht noch mehr Leute für Salans verlorene Sache opfern. Die Bulgaren schließen Frieden und leisten sogar Tribut. Damit sind die Ungarn als neue politische Größe im Karpatenbecken von einer benachbarten Großmacht anerkannt. Heute würde man das als großen außenpolitischen Erfolg werten. Magister P. macht aber keine große Sache daraus.

Weil das ungarische Heer aber gerade unterwegs ist und alles so schön läuft, wenden sich die Krieger der Magyaren nach Westen und legen sich mit den Kärntnern an. Kärnten scheint heute von der Donau recht weit entfernt zu sein, doch damals schmiedete Luitpold von Habsburg, der Herzog von Kärnten, gerade aus den östlichen Trümmern von Karls fränkischem Großreich eine Großmacht. Er war Herr über das entstehende Ostfränkische Reich und herrschte über die römische Provinz Pannonia, also auch über das westliche Ungarn bis zur Donau. Seine Einflusssphäre reichte im Norden bis ans Großmährische Reich.

In der Auseinandersetzung mit den „Kärntnern" halten weder Flüsse noch Heere die Ungarn auf. Dabei sollte man sich vor Augen halten, dass Flussüberquerungen zu Pferde immer ein Thema für sich sind. Pferde sind Fluchttiere und viele trauen Wasser nicht. Ein gestresstes Pferd mit Angst kann rasch zur Geduldsprobe für den Reiter werden. Dazu kommt bei etwas tieferen Gewässern der Umstand, dass man sich auf einem schwimmenden Pferd nicht mehr im Sattel halten kann. Man schwimmt selbst – im Idealfall über dem Pferderücken, hält sich fest und lässt sich ziehen. Doch das schreibt sich einfacher, als es ist. Nimmt man als weiteren Faktor auch noch die Strömung hinzu, wird eine Flussüberquerung immer ein wenig zum Glücksspiel. Doch als erfahrene Kavalleristen meistern die Magyaren diese Herausforderung regelmäßig.

So schicken sie sich an, den ganzen Balkan zu erobern. Hier spürt man das erste Mal bei unserem Magister inneren Widerstand. Er hält, glaube ich, das Unterfangen für leicht größenwahnsinnig und unsinnig. Er wirft den Ungarn hier vor, von blutegelartiger Gier getrieben zu sein.

Trotzdem klingt die Chronik hier fast wie ein Sportbericht. Das Heer eilt von Sieg zu Sieg mit Festungen und Städten als Siegestrophäen. Was die ganze Zeit schon durchschimmert, wird hier offensichtlich: Diese „Eroberungszüge" fern der neuen Heimat um Donau und Theiß, waren eher die Raubzüge von Plünderern, denen man gab, was sie wollten, bevor sie es sich mit Gewalt nahmen. So kehrte die Expedition mit reichen „Tributen" zurück und die Heimgesuchten verwalteten sich selbst weiter.

Es folgt noch eine weitere kühne Expedition der Reiter nach Südosten, bis tief ins Herz des heutigen Bulgarien, auch hier eher nicht zum Zweck der Besiedelung, auch wenn Magister P.

143

von Ungarn berichtet, die sich dort ansiedeln. Seiner Meinung nach eine nicht allzu gute Idee dieses „Dummvolkes".

Nun legt man erste sinnvolle natürliche Grenzen des Reiches fest: Nach Süden die Donau und im Südosten das Tor von Wazil, die eiserne Pforte, die Schlucht ein Stück donauabwärts von Belgrad, wo der Fluss sich seinen Weg zwischen den Südkarpaten und dem serbischen Erzgebirge bahnt. Diese Stelle ist natürlich von großer strategischer Bedeutung.

Lesen wir nun weiter.

Nächstes Ziel: Der Westen, jenseits der Donau

Der Hafen Moger

Nachdem etliche Tage vergangen waren, verließen Fürst Árpád und all seine Hauptleute nach einmütigem Beschluss und ganz ohne äußeren Anlass die Insel. Sie schlugen ein Lager unterhalb von Soroksár,[179] am Fluss Rácus[180] auf. Als sie da sahen, dass sie völlig sicher waren und niemand sich ihnen in den Weg stellte, überquerten[181] sie die Donau und den Hafen, wo sie über den Strom übersetzten, nannten sie Mogerhafen, weil die sieben Stammesfürsten, die man als Hetumoger kennt, hier über die Donau kamen.

Nach der Überquerung schlugen sie ein Lager an der Donau bei Budafélhévíz[182] auf. Als die Römer, die in Pannonien lebten, das hörten, retteten sie ihr Leben und flohen allesamt.

---

179 Soroksár, im Original „surcusar", ist heute ein Teil im Osten von Budapest auf Höhe des Csepel.

180 Der Rákus ist ein winziger Fluss, der in den Gödölö-Bergen entspringt und heute den See im Varos-Liget in Budapest mit Wasser versorgt. Seine Mündung liegt inzwischen, nach vielen Wasserregulierungsmaßnamen, rund 300 Meter nördlich der Margaretheninsel, auf der Pester Donauseite. Vermutlich lag sie damals nicht genau dort, aber wohl auch nicht weit weg.

181 Im Original: transnavigaverunt

182 Wörtlich aquae calidae superiores. Der Fleck wird identifiziert als Budafélhéviz, am westlichen Donauufer auf Höhe des Südendes der Margareteninsel. In Zusammenhang mit der Verortung des Mogerhafens spricht dieser Ort eher für Contraaquincum als Fährhafen, da dieser Ort nur etwa einen Kilometer südlich ist.

Am Tag darauf drangen Fürst Árpád und all seine Anführer mit der kompletten Heerschar in die Stadt von König Attila ein und sahen all die royalen Paläste. Manche waren bis auf die Grundmauern verfallen, andere intakt. Sie bestaunten mit größter Ehrfurcht und Bewunderung die steinernen Gebäude und waren über die Maßen glücklich, dass sie es verdient hatten, die Stadt von König Attila[183], des Ahnen von Fürst Árpád, kampflos einzunehmen. An diesem Tage schmausten sie mit großer Freude in Attilas Königspalast. Seit an Seit saßen sie und freuten sich an all den Klängen und den Tönen von Harfen und Flöten und an den Liedern der Sänger. Man schleppte ganze Tabletts mit Pokalen herbei! Den Adeligen wurde Wein in goldenen Bechern gereicht, den Einheimischen in silbernen. Sie feierten, weil Gott ihnen all die umgebenden Ländereien mit ihren Kostbarkeiten in die Hand gegeben hatte, auf dass sie mit allen Gästen, die gekommen waren, aufs Trefflichste und Glänzendste lebten. Den Gästen, die bei ihnen verweilten, gab Fürst Árpád Ländereien und große Besitzungen. Diese Nachricht verbreitete sich, sodass viele Gäste herbeieilten, blieben und mit ihnen jubelten. Da blieben Fürst Árpád und seine Leute für weitere Feierlichkeiten zwanzig Tage lang in der Stadt König Attilas. Alle Krieger der Ungarn nahmen unter den Augen des Fürsten beinahe jeden Tag an Turnieren teil und maßen sich hoch zu Ross mit Lanze und Schild. Andere junge Leute zeigten Reiterspiele auf die heidnische Art – mit

---

183 Etzelburg – so wurde im Mittelalter Óbuda genannt, Altofen. Es liegt da, wo die Römer ihre Stadt Aquincum gebaut hatten.

Pfeil und Bogen. So war Fürst Árpád von Herzen glücklich, gab all seinen Kämpen verschiedene Geschenke aus Gold und Silber und auch etliche Besitzungen. Die Stadt Attilas aber verlieh er Kund, dem Vater von Korcán, sowie das Land bis zu den Hundert Hügelgräbern[184] und bis Gyoyg[185]. Seinem Sohn übergab er eine Burg zum Schutz der Bevölkerung. Daraufhin benannte Korcán die Burg in seinem Land nach seinem Namen und so heißt sie heute noch und ist nicht in Vergessenheit geraten[186].

Das Land Pannonien

Großfürst Árpád hielt Rat und sie brachen am 22. Tag in der Burg Attilas auf, um das Land Pannonien bis zur Drau zu erobern. Am ersten Tag schlugen sie ihr Lager bei Százhalombatta auf. Dort wurde beschlossen, den Fürsten mit seinem Teil des Heeres entlang der Donau zur Burg Borona[187] zu schicken. Dort zeichnete er zwei der Stammesoberen und Anführer aus, Ete, den Vater von Eudu und Boyta, von dem das Geschlecht der Brugsa abstammt. Etu verlieh der Fürst für seine so treue Gefolgschaft riesige Ländereien. Eudu, dem Sohn des Ete gab er Land an der Donau mit unzähligem Volk. Dort baute dann Eudu mithilfe seiner Untertanen eine Burg, die im

---

184 Heute ein Ort, ein Stück südlich von Budapest, Százhalombatta
      – Hundert Hügel. Dort finden sich einige keltische Tumuli.
185 Heute Diósd, ein Dorf südwestlich von Buda..
186 Inzwischen ist die Burg leider dennoch vergessen.
187 Es könnte sich um eine Erdburg handeln, die bei Százhalombatta liegt, Sicher bin ich aber nicht. Weitere Hinweise fand ich leider nicht.

Volksmund Zecuseu[188] genannt wird, weil sie für ihn sein Haupt- und Stammsitz war.

Auch Boyta wurde bedacht. Ihm gab er ein großes Land am Saru[189] mit Massen von Einwohnern, das darum wie er selbst Boyta heißt.

Die Stadt Vesprém

Für die andere Hälfte des Heeres wurden Eusee und Usubu, der Vater von Zolovcu bestimmt. Die rückten nun gegen die Stadt Vesprém vor und unterwarfen alle Einwohner bis Vasvár[190]. Danach führte Feldherr Usubu die Standarten seines Heeres mit Erlaubnis des Fürsten weiter und errichtete ein Lager zu Füßen des Berges Pakozo[191].

Von da aus ritten die Truppen zum Feld bei der Burg Peytu[192], lagerten dort und ruhten drei Tage. Am vierten aber brachen sie auf nach Vesprém. Dort ordneten Usubu und Eusee ihre Schlachtreihen gegen die Soldaten der Römer, die die Burg Vesprém bewachten und griffen im Sturm an. Der Kampf tobte eine Woche lang. Am vierten Tag der zweiten Woche waren beide Heere von der Mühsal des Krieges reichlich erschöpft. Dann aber fällten Usubu und Eusee einige Römer mit dem Stahl und einige weitere mit den Spitzen ihrer Pfeile.

---

188 Es ist vermutlich das heutige Szekcső.
189 Heute der Sárvíz, ein Flüsschen, das vor der Regulierung schiffbar war. Zur Römerzeit und auch später noch eine bedeutende Lebensader der Region. Inzwischen fast bedeutungslos.
190 Die Stadt Vasvár, zu deutsch Eisenburg, slovenisch Železnograd, Sie liegt knapp 40 km nordwestlich vom Plattensee.
191 Bei Pákozd, einem Dorf 11 km nordöstlich von Székesfehérvár.
192 Vermutlich heute das Dorf Pér, ein wenig südöstlich von Györ. Heute ist es bekannt für den Flughafen Györ.

Die übrigen Römer aber sahen den Schneid der Ungarn, gaben die Burg auf und flohen, um das Leben zu retten. Sie eilten in die Lande der Deutschen. Usubu und Eusee aber verfolgten sie bis an die Grenze zu ihrem Reich.

Eines Tages aber, die Ungarn und Römer waren nahe der Grenze, schwammen die Römer heimlich durch den Grenzfluss, der darum von den Ungarn Loponsu[193] genannt wird, weil die Römer aus Schiss vor den Ungarn ihn ganz heimlich durchschwammen.

Vasvár

Von dort aus kehrten Usubu, der Vater von Zolovcu, und Eusee, der Vater von Urcun zurück und eroberten Vasvár. Die Söhne der Einwohner nahmen sie als Geiseln. Dann ritten sie weiter am Plattensee entlang bis nach Tihany[194].

Am vierten Tag, nachdem sie neue Untertanen gemacht hatten, betraten die die Burg Vesprém. Dort berieten sich Usubu und Eusee und sandten Boten mit verschiedenen Aufträgen und den Söhnen der Bewohner, die sie als Geiseln genommen hatten, zu Fürst Árpád. Sie sollten sowohl davon berichten, wie Gott ihnen den Sieg geschenkt hatte, als auch davon, wie die Römer, als sie die Burg Vesprém im Stich gelassen hatten, auf ihrer Flucht den Fluss Loponsu heimlich durchschwammen.

---

193 Offenbar ein Wortspiel, das ich leider nicht recht nachvollziehen kann.
194 Halbinsel im Plattensee.

Die Boten aber fanden Fürst Árpád, wie er sich wie einst Harpalyke im Wald von Turobag[195] erging. Sie grüßten ihn, überreichten viele Geschenke von Usubu und Eusee und führten ihm die Geiseln vor. Großfürst Árpád hörte dies und war hochbeglückt. Nach der Rückkehr in die Burg Attilas veranstaltete er aufs Neue ein Gelage und beschenkte die Boten großzügig, die so frohe Kunde brachten.

Die Verwüstung Pannoniens

Daraufhin verließ Fürst Árpád mit dem Drittel seines Heeres die Burg Attilas. Am Pute-Feld an den Salzgruben[196] wurde ein Lager errichtet. Den großen Wald östlich davon gab er Előd, dem Vater von Szabolcs, der heute wegen der Schilde, die die Deutschen zurückgelassen hatten, Vertuswald[197] genannt wird.

---

195 Sie trafen ihn bei Törokbalint, etwas westlich von Budapest. Unser Magister macht hier ein krudes Wortspiel mit den Namen Árpád und Harpalyke, einer der Thrakische Jägerin.

> Mitten im Walde begegnete ihnen ganz plötzlich die Mutter,
> Mädchen nach Antlitz und Haltung, auch wie ein Mädchen bewaffnet,
> eine Spartanerin etwa, auch Thrakiens Kind Harpalyke,
> flinker als Rosse, ja schneller auch noch als der reißende Hebros.
> Denn auf den Schultern trug sie, nach Jägerart, griffbereit ihren
> Bogen und ließ die gelockerten Haare flattern im Winde,
> nackt die Knie, geschürzt den wallenden Bausch des Gewandes.
> Vergil, Aeneis 1. Gesang 314 – 320,
> nach Wilhelm Hertzberg (Der konnte besser Latein als ich!)

Letztlich ist diese Stelle nur eine sehr gelehrte und verquere Art, dem Leser mitzuteilen, dass die Boten Árpád beim Jagen trafen. Wenn Lehrer Scherze machen …

196 Vermutlich südlich von Tatabánya.

197 Wo dieser Wald lag, konnte ich nicht ausmachen. Ich vermute ihn aber rund um Tatabánya.

In der Umgegend dieses Waldes nahe am Teich von Ferteu[198] errichtet Sac, der Neffe von Szabolcs, lange Zeit später eine Burg. So war das!

Etwas später lagerten Fürst Árpád und seine Krieger am St. Martinsberg, und sie selbst und ihre Reittiere tranken vom Quell in Sabaria[199]. Sie bestiegen den Berg und sahen, wie schön das Land ist und waren von Herzen froh. Von da zogen sie zur Raab und Rebnitz[200], verwüsteten die Gebiete der Slawen und Pannonier und besetzten sie.

Sie bestürmten die Grenze der Kärntner an der Mur etliche Male, töteten viele mit dem Schwert, eroberten ihre Garnisonen und nahmen sich ihre Gebiete. Die sind mit dem Beistand Gottes bis zum heutigen Tag dank der Tatkraft und Geistesstärke der Ungarn erhalten geblieben.

Dann kehrten Usubu und Eusee, der Vater von Urcun, mit all ihren Streitkräften wohlbehalten und unverletzt zu Fürst Árpád zurück – mit einem großen Sieg. Gottes Barmherzigkeit nämlich eilte ihnen voran und sie lieferte Fürst Árpád und seinen Kriegern ihre Feinde aus. Durch seine Hände besaßen sie nun die Früchte der Arbeit dieser Völker.

---

198 Im Zusammenhang mit den vorherigen Orten vermute ich die Burg Tata am Tatasee. Diese Burg ist aber etwas jünger als unser Magister es annimmt.

199 Magister P. meint wohl Pannonhalma, das älteste Kloster in Ungarn, dessen Stiftung der Legende nach auf den Heiligen Marin zurückgeht. Mit dieser Legende ist auch der genannte Teich verbunden.

200 Die Raab – Rába – ist ein größerer Fluss und mündet bei Györ in die Donau. Der andere Fluss , die Rebnitz – Rábca, mündet fast an der gleichen Stelle in die Donau.

Wo sie nun Wurzeln schlugen und beinahe alle benachbarten Reiche sich unterworfen hatten, kehrte der ganze Hofstaat um und man entließ die Krieger zu ihren Stammesfürsten. Die Edelleute aber blieben in dem Wald an der Donau und jagten zehn Tage lang. Danach ritten sie zur Stadt König Attilas und kehrten dann zurück zur Insel Csepel. wo die Fürstin und alle Damen des Hofes geblieben waren.

In jenem Jahr wurde Árpád ein Sohn mit Namen Zolta geboren[201]. Da waren alle Ungarn voll der Freude und der Fürst mit seinen Adeligen veranstaltete über mehrere Tage hinweg großartige Gelage. Kinder spielten vor dem Fürsten und seinem Hofstaat wie die Lämmer vor den Widdern.

Nach einigen Tagen hielt Fürst Árpád Rat mit seinen Anführern und sie entsandten ein Heer gegen Menumorut, den Fürsten von Bihor. Zu den Heerführern und Kommandanten dieser Truppe wurden Usubu und Velec bestimmt. Die brachen auf und verließen die Insel, ritten zur Theiß und setzten beim Hafen Beuldu[202] über. Danach schlugen sie ein Lager am Fluss Kó-rógy[203] auf. Alle Szekler, die einst vom Volke König Attilas wa-

---

201 Hier mache ich bewusst einen Übersetzungs-Patzer: Im lateinischen Text steht *genuit*, also eigentlich gezeugt. Doch ich habe mir gedacht, ob man einen Sohn gezeugt hat, weiß man ja erst nach der Geburt, und das ist dann auch weit eher der Anlass für ein rauschendes Fest. So entschied ich mich für eine strengenommen falsche, aber logischere Version. Ich bitte alle Lateiner um Nachsicht.

202 Vermutlich bei Csongrág

203 Wieder ein Wasserlauf, der Regulierung zum Opfer gefallen ist. Laut Dr. Mártys Karte ein östlicher Zufluss der Theiß. Heute eher ein Entwässerungskanal namens Kurca.

ren[204], hörten die Kunde und kamen in Friedensabsicht Usubu entgegen. Sie boten aus eigenem Antrieb ihre Söhne mit vielen Geschenken an.

Die Söhne der Szekler wurden gleich zu Fürst Árpád geschickt. Mit Usubu in der ersten Schlachtreihe führten die Ungarn einen Angriff und ritten zusammen mit den Szeklern gegen Menumorut. Sie überquerten den Fluss Kreisch bei Sarvashalom[205], dann lagerten sie am Ufer des Tekereu[206].

Anmerkungen

ÁRPÁD IST ZU BEGINN dieses Abschnitts nach der Kampagne gegen die Bulgaren wieder in der Gegend von Budapest und überquert nun die Donau. Sein Auftauchen, so lesen wir, lässt die Römer

---

204 Diese Abstammung ist wohl falsch. Die Herkunft der Székler ist immer nicht schlüssig geklärt. Ob es sie damals schon dort gab, ist auch fraglich. Historische Quellen erwähnen sie erst ab 1116.
205 Heute Szarvas in Südostungarn
206 Der Bach Tekrő, der leider heute nicht mehr auffindbar ist.

dort Fersengeld geben. Hier kann ich mir ein Grinsen kaum verkneifen.

Die Römer gaben kurz nach 430 Pannonien als Provinz auf. Sie räumten damals das Land für die Hunnen. Eine möglicherweise verbliebene Restbevölkerung der Römer müsste aber in den verflossenen 465 Jahren längst mit den anderen Einwohnern, Slaven, Hunnen und Avaren, verschmolzen sein. Dass tatsächlich Römer mit wehender Toga Hals über Kopf vor den Magyaren flohen, ist eine drollige Vorstellung. Unser Magister P. meint aber sehr wahrscheinlich die Untertanen des Ostfränkischen Reiches, das damals offiziell das Land bis zur Donau beherrscht. Dieses Ostfränkische Reich wurde erst ein Jahrhundert später unter Kaiser Otto ein Kernstück des Heiligen Römischen Reiches. Dann erst wären die ostfränkischen Untertanen mit etwas gutem Willen dem Namen nach wieder „Römer". Ende des neunten Jahrhunderts traf das aber nicht zu.

Wo genau überquert Árpád aber die Donau? Unser lieber Magister nennt hier zwar allerlei Orte, doch es bleibt ein wenig wirr. Mal sehen, ob wir das Wirrwarr aufdröseln können: Die Hetumoger verlassen den Csepel nach Osten und lagern unweit davon, bei Soroksár.

Nicht sehr weit davon entfernt und ein Stückchen nordwestlich, etwa dort, wo heute die Elisabethbrücke elegant die Donau überspannt, gab es schon seit der Römerzeit eine Fähre und eine Befestigung: Das Kleinkastell Contraaquincum. Dieses wird später zur Keimzelle des Ortes Pest, der

154

auf den Stichen und Landkarten genau dort, dem Gellertberg gegenüber, immer wieder auftaucht.

Magister P. schreibt aber weiter, dass sie die Donau am Rakus überquerten und dann in Felheviz lagerten (apud aquas calidas).

Das passt auf den ersten Blick nicht recht zusammen: Der kleine Fluss Rakus entspringt in den Höhen bei Gödölö und versorgt heute die Teiche im Varosliget mit Wasser. Er wurde zwar dafür umgeleitet, doch er mündete damals wie heute ein gutes Stück weiter nördlich in die Donau – etwa auf Höhe des Nordendes der Margaretheninsel – noch einmal ein gutes Stückchen nördlich.

Allerdings ... ganz sicher bin ich mir da nicht mehr. Etwa dort, wo die große Ringstraße in Budapest den Halbkreis von Margaretenbrücke zur Elisabethbrücke schlägt, war wohl zur Römerzeit ein Donauarm, der inzwischen verlandet ist. Contraaquincum lag also damals geschützt auf einer Insel. Später, zu den Türkenkriegen zeigen einige Karten und Abbildungen dort einen Wassergraben, der mit Rakus bezeichnet wird. Leider lassen aber die meisten Karten und Veduten diese Details aus. Die Ansicht von Jacob Peeters von 1686 zeigt aber diesen Graben und auch die Karte, die Sámuel Mikoviny 1737 veröffentlichte. Dort heißt dieses Wasserhindernis Rakosgraben. Der Rakos selber mündet weiter nördlich in die Donau, wie auch heute. Dass der Graben sich aber nicht durch eine Abzweigung mit Wasser speist, kann ich nicht ausschließen. Eingezeichnet ist jedoch nichts. Immerhin: Diesen Graben gab es und auch der Name Rakus ist an dieser Stelle verbürgt:

Aber nur für das 17. und 18. Jahrhundert. Auf den meisten Ansichten und Karten findet sich dazu nichts. War er womöglich nur eine vorübergehende Befestigung? Die Sache ist verzwickt.

Wenn wir die Fähre – Magister P. lässt die Helden mit einem Schiff übersetzen und schreibt „transnavigaverunt" – bei Contraaquincum vermuten, also gegenüber des Gellertberges, und die Helden von dort aus weiter nach Norden reiten lassen, auf die Etzelburg in Aquincum zu, dann ist Felhevíz, der Ort, dem Magister P. benennt, ein plausibler Lagerplatz zwischen Fähre und Ziel. Dieses Felhéz, heute im II. Bezirk, war ein Ort, an dem mehrere Thermalquellen entspringen, die schon die Römer als Heilbad nutzten. Damals hießen sie aquae calidae superiores et inferiores. Noch immer kann man dort baden: Im Szent-Lukács-Heilbad zum Beispiel.

Schon bald stießen Árpád und seine Begleiter beim Weiterziehen auf die Ruinen von Aquincum, einer größeren römischen Provinzstadt in Pannonien. Sie liegt dort, wo heute in Budapest der Stadtteil Óbuda liegt. Von Felhevíz aus noch einmal ein gutes Stück nach Norden.

Von den steinernen Überresten sind sie mehr als begeistert. Wenn wir uns vor Augen halten, wie selten in dieser Zeit – dem Ende des 9. Jahrhunderts – Steinbauten waren, kann man das durchaus verstehen. Selbst Burgen waren damals oft noch aus Holz errichtet. Die Ruinen der römischen Garnison und Provinzmetropole müssen auch noch nach fünfhundert Jahren beeindruckend gewesen sein.

156

Sie stoßen dort auf ein großes Amphitheater, das unser Magister als eine Burganlage Attilas interpretiert. Eine Missdeutung, die verzeihlich ist. Die 130 Meter lange und 108 Meter breite Anlage wurde nach dem Abzug der Römer mehrfach umgebaut und tatsächlich auch als Festung und später als befestigtes Dorf benutzt. Offenbar beeindrucken diese Anlagen den Fürsten und seine Ratgeber so sehr, dass sie ihren eigenen Erfolg und den ihrer Ahnen mit einem großen Fest feiern.

Im Rahmen dieser Festunterhaltungen stellt Magister P. – ein wenig unhistorisch zwar, aber anschaulich – die zwei Kriegstraditionen seiner eigenen Zeit einander gegenüber: Die westliche Tradition des Ritters mit Lanze und Schild, die sich damals schon stark verbreitet hatte, und die althergebrachte, heidnische Tradition der Steppenreiter mit Pfeil und Bogen. Dass die ungarischen Krieger von Árpád aber schon damals Ausrüstung und Technik der westlichen Ritter hatten bzw. beherrschten, ist kaum anzunehmen.

Unter Ritter mit Lanze und Schild sollte man sich aber weniger einen Tunierritter beim Tjosten vorstellen, dieser Sport entstand etwas später. Ein besseres Bild wäre die klassische Darstellung des Heiligen Georg. Ritterheere bestanden damals aus gerüsteten Reitern mit langen Speeren, also keinen Lanzen, die fest unter der Schulter „eingelegt" wurden. Man hielt sie mittig wie einen Wurfspeer und schlug oder stach damit zu.

Ihre Schlagkraft erhielten die Ritter durch ihre Masse: Die Wand der nach vorne gerichteten Lanzenspitzen und die schiere Wucht einer Kaval-

157

lerieattacke waren die taktischen Aktiva dieser Truppen. Zwar völlig ahistorisch, aber dennoch als Beispiel geeignet sind die Reiter von Rohan, die die Verfilmung vom „Herr der Ringe" von Peter Jackson zeigt. Sie geben einen Eindruck von Macht und Wirkung dieser Waffengattung. Vielleicht weniger imposant, aber historisch und zeitlich sehr nahe an unserem Text ist die Darstellung der Kämpfe auf dem letzten – rechten – Viertel des Teppichs von Bayeux. Man erkennt deutlich, dass die Lanzen der Ritter zwar lang waren, aber schlank. Sie wurden nicht nur zum Lanzenstoß benutzt, sondern kamen auf viele Arten zum Einsatz.

Dennoch waren auch massive Kavallerieangriffe gegen die magyarische Taktik lange Zeit unwirksam, weil die den direkten Feindkontakt vermieden. Sie betrieben wiederholtes „hit & run", sehr im Nachteil ihrer Gegner, die sie so mit Pfeilsalven eindeckten, noch bevor sie in Reichweite kamen. In Aquileia gibt es ein Fresko aus dem 10, Jahrhundert, das die Schlacht von Brenta im Jahre 899 zeigt. Darauf erkennt man einen magyarischen Reiter, der im Sattel stehend nach hinten auf einen Ritter mit Schild und Lanze schießt. Es ist wohl die älteste Darstellung eines magyarischen Reiters und trotz ihrer Schlichtheit sehr aufschlussreich. Selbst beim Rückzug sind die Steppenreiter brandgefährlich, dank dieser Technik, Partherschuss genannt, die hervorragende Reittechnik und viel Übung verlangt.

In Óbuda aber wird immer noch ein rauschendes Fest gefeiert, diesmal auch für die neuen Untertanen. Inzwischen gehört es wohl zur Politik

158

der Magyaren, die Unterworfenen mit solch friedlichen Veranstaltungen für die neuen Herren einzunehmen. Festliche Gelage also als Mittel der Integration – es gibt sicherlich schlechtere Wege. Hier wird der geniale Friedensplan des braven Soldaten Schwejk vorweggenommen und ein wenig abgewandelt umgesetzt.

Nach diesen ausgedehnten Festivitäten macht sich Árpád daran, den westlichen Teil Ungarns zu erobern und legt sich mit den „Deutschen" an. Hier benutzt Magister P. die etwas schräge Vokabel theotonici, was wohl ein entstelltes „Teutonen" (theutoni) sein soll. Er meint also tatsächlich die Deutschen. Er nennt sie aber unverdrossen auch weiterhin „Römer" und will sich auf einen Begriff nicht festlegen lassen.

Im Verlauf dieser Kampagne verläuft die Eroberung von Vesprém eher zäh. Hier wird erst einmal die Umgegend gesichert, dann erst nimmt man die Stadt ins Visier. Am Ende obsiegen die Ungarn und es folgt, was wir schon kennen: Geschenke und Geiseln. Die Eroberung des nördlichen Restes ist für die schlachterprobten magyarischen Haudegen Árpáds eher eine Routineaufgabe. Zumindest vermittelt der Text diesen Eindruck. Damit hat Árpád sein Reich auch nach Westen ausgedehnt, soweit es die natürlichen Grenzen und seine militärischen Mittel sinnvoll erscheinen lassen.

Dabei wird der westlichste Teil, der Grenzstreifen hin zu den Römern, „verwüstet". Der Text spricht hier von „devastatio", was genau dies meint. Auch wird diese Gegend an keinen Ge-

159

folgsmann verliehen. Offenbar will Árpád nach Westen hin eine Art Pufferzone einrichten, wo es für die Kärntner nur wenig Lohnendes für eine Rückeroberung gibt. Magister P. lässt Árpád einen Teil dieser Kampagne mitreiten. Dabei ist dieser Feldzug gegen die Kärntner eigentlich nicht so schwierig oder wichtig, dass sie „Chefsache" sein müsste. Wäre der Fürst nicht besser in der Etzelburg oder auf dem Csepel aufgehoben?

Andere und wichtigere Feldzüge gab es bei denen sich Fürst Árpád zurückgehalten hat. Warum bemüht ihn Magister P. gerade bei diesem? Ich vermute stark, dass er es macht, um seinen Helden auch noch mit Pannonhalma zu verbinden, dem Ort, an dem das erste benediktinische Kloster in Ungarn gegründet wurde – von Großfürst Géza im Jahre 996. Dass das genau dort gegründet wurde, geschah nicht ohne Absicht und Hintergedanken. Der Ort liegt an einem Teich namens Sabaria. An diesem Ort und dem damit verbundenen Teich Sabaria wurde der lokalen Legende nach der Heiligen Martin geboren.

Ob das wahr ist? Der Ort Sabaria ist zwar in der Heiligenlegende verbürgt, diesen Ruhm beansprucht aber auch Szombathely, das in der Spätantike ebenfalls Savaria/Sabaria hieß. Wo der Heilige Martin nun tatsächlich herstammt, ist also letztlich ungeklärt. Es spricht aber einiges für Szombathely, denn das andere Sabaria südlich von Györ wurde mit Abzug der Römer aufgegeben. Erst mit der Klostergründung durch Fürst Géza 996 wird der Ort neu besiedelt. König Stefan erhob etwas später das Kloster zur Erzabtei.

160

Spätestens damit ist das Kloster Pannonhalma heute wie damals eine Art Nationaldenkmal des christlichen Ungarns und ist untrennbar mit einem der größten Heiligen der Kirche verbunden. So scheint es mir durchaus plausibel, dass Magister P. den Wunsch hat, seinen Helden Árpád mit diesem Ort und einem Superstar des Glaubens in Verbindung zu bringen.

Am Ende dieses Abschnitts taucht dann Zolta auf, Árpáds Sohn und späterer Nachfolger. Dies ist eine der wenigen Stellen, wo wenigstens ein Hauch von Familien- und Privatleben durch die Zeilen wehen darf.

Damit ist die neue Heimat erobert. Es bleibt nur noch eine Angelegenheit zu regeln. Menumorut ist immer noch nicht unterworfen. Wieder werden Usubu und Velec beauftragt. Warum auch nicht? Sie waren in Pannonien ein höchst erfolgreiches Team. Wieso sie also nicht weitermachen lassen?

Lesen wir also weiter:

161

Endspiel - Fürst Menumorut

Feldzug gegen Fürst Menumorut

Als Menumorut vernahm, dass Usubu und Velec, die edelsten Krieger Fürst Árpáds mit einer stattlichen Schar Szekler an der Spitze gegen ihn zogen, bekam er so richtig Bammel und wagte nicht, gegen sie ins Feld zu ziehen. Er hatte nämlich gehört, dass Fürst Árpád und seine Reiter überaus tüchtig im Krieg seien und sie die Römer aus Pannonien in heller Flucht zur Grenze Kärntens an der Mur getrieben hatten. Auch sollten sie Verwüstungen angerichtet haben. Viele tausend Menschen seien ihren Schwertern zum Opfer gefallen, das Pannonische Reich hätten sie besetzt und überall nähmen Feinde vor ihrem Antlitz Reißaus. Daraufhin sandte Fürst Menumorut den größten Teil seines Heeres zur Burg Bihor, er selbst aber floh vor ihnen in die Haine des Weihwaldes[207], um dort zu wohnen.

Usubu und Velec ritten frohgemut mit dem ganzen Heer zur Burg Bihor und errichteten ein Lager am Fluss Iousz[208]. Am dritten Tag aber ordneten sie ihre Truppen und zogen zur Burg Bihor ins Feld. Im Gegenzug aber griffen die Feinde Usubu und seine Soldaten mit den zusammenge-

---

207 Ungarische Legenden wissen diesen Wald in der Nähe von dem Ort Suncuius in Rumänien, auf Ungarisch Vársonkolyos.

208 Ich vermute, dass Crişul Alb gemeint ist. Sonderbar, dass unser Magister ihn als Iousoz bezeichnet. Der Name Crişul Alb geht auf die Römer zurück, die ihn „crisola" nannten. Immerhin liegt an diesem Fluss der rumänische Ort Iosaş, auf ungarisch Jószás.

zogenen Kämpfern verschiedener Stämme an. Die Szekler und Ungarn töteten viele Menschen mit ihren Pfeilen. Allein Usubu und Velec machten mit ihren Armbrüsten[209] zusammen 125 Krieger nieder. Sie kämpften zwölf Tage miteinander. Von Usubus Soldaten wurden 25 Ungarn getötet und 15 Szekler.

Am dreizehnten Tage, als die Ungarn mit den Szeklern zusammen inzwischen die Gräben gefüllt hatten und Leitern vorbereiteten, um sie an die Mauern zu legen, erkannten die Soldaten von Fürst Menumorut die Entschlossenheit der Ungarn. Sie öffneten die Tore der Burg und traten mit bloßen Füßen vor die zwei Heerführer und flehten sie demütig an. Da stellten Usubu und Velec Wachen für sie ab und sie betraten die Burg Bihor, wo sie die umfangreiche Kriegsausrüstung der Soldaten entdeckten.

Als das Menumorut von Boten hörte, die geflüchtet waren, rutschte ihm sein Herz gänzlich in die Hose und er entsandte seine Unterhändler mit verschiedenen Aufträgen zu Usubu und Velec. Er fragte sie, ob sie einem Friedensschluss zugeneigt wären und Boten zu Fürst Árpád senden wollen. Menumorut, der den Fürsten einst durch seine Boten niederträchtig und von oben herab behandelt hatte, er, der ihm eine Handvoll Erde nicht geben wollte, ließ nun durch seine Unterhändler ausrich-

---

209 Die beiden Hauptleute benutzen also hier die hochmoderne und sehr teure Armbrust statt ihrer Bögen. Sie ist langsamer und für Reiter kaum geeignet, gilt aber als präziser. Warum? Ist es nur ein kleiner historischer Fehler? Haben sie sich vielleicht teure Prestige-Waffen aus der Beute gesichert? Hier können wir leider nur spekulieren.

ten, er sei besiegt und sein ganzes Herrschaftsgebiet liege wehrlos da. Mit denselben Boten schlug er vor, Zultu, dem Sohne Árpáds, seine eigene Tochter zur Braut zu geben.

Usubu und Velec lobten diesen Vorschlag und schickten die Gesandten mit eigenen Boten weiter, um ihrem Herrn, dem Fürsten Árpád, dieses Friedensangebot vorzuschlagen. Als die auf der Insel Csepel eintrafen und den Fürsten Árpád begrüßten, trugen tags darauf die Botschafter das Angebot Menumoruts vor. Großfürst Árpád hielt Rat mit den Stammesfürsten, hieß den Vorschlag gut und begrüßte ihn. Als er dann hörte, dass die Tochter Menumoruts im selben Alter war wie sein eigener Sohn Zultu, stimmte er dem Vorschlag Menumoruts zu, akzeptierte dessen Tochter als Braut für Zultu zusammen mit dem Reich ihres Vaters und trug Usubu und Velec mittels Boten auf, zur Feier der Hochzeit die Tochter Menumoruts zu im zu schicken – als Braut seines Sohnes – und ebenso die Geiselsöhne der Bewohner. Fürst Menumorut gebe er die Burg Bihor.

Usubu und Velec,

Usubu, Velec und das ganze Heer eskortierten die Tochter von Menumoruts so, wie ihr Herr es befahl und wünschte als Braut zur Hochzeitsfeier. Auch nahmen sie die Geiselsöhne der Bewohner mit sich, Menumorut jedoch sandten sie zurück zur Burg Bihor. So kehrten alsbald Usubu und Velec hochgeehrt und freudig begrüßt zu Fürst Árpád zurück. Der Fürst und seine Ratgeber zogen ihnen entgegen und sie geleiteten die Tochter Menumoruts mit allen Ehren, wie es sich für solch einen Fürsten gehört, zum

Palast[210]. Der Fürst aber und sein Hof feierten die Hochzeit mit einer Reihe großer Festessen und beinahe täglich schmausten sie auf den Hochzeitsmalen mit verschiedenen Kriegern der umliegenden Fürstentümer. Die Kinder der Festgesellschaft spielten vor dem Fürsten und seinen Adeligen.

Fürst Árpád erhob, nachdem die Führer der Stämme und die Krieger Ungarns den Treueeid geleistet hatten, seinen Sohn Zultu mit großer Ehrbezeugung zum Fürsten. Daraufhin verlieh der Fürst Usubu, dem Vater von Zoloucu, für seinen überaus treuen Dienst die Burg Vesprém und alles, was dazugehörte. Velec gab er den gesamten Kreis Zarand[211]. Ähnlich bedachte er auch weitere Edelleute mit Ehrungen und Land.

Menumorut starb im zweiten Jahr nach diesen Ereignissen und hinterließ keinen Sohn. Sein Reich ging in Gänze friedlich auf Zultu über, seinen Schwiegersohn. Bald danach, im 907. Jahr der Fleischwerdung des Herrn, schied Fürst Árpád aus dieser Welt. Er wurde in Ehren an einem kleinen Fluss bestattet, der in steinernem Gerinne in die Stadt Attilas dort hineinfließt, wo man nach der Bekehrung der Ungarn zur Ehre der seligen Maria eine Kirche baute, die man die Weiße nennt[212].

---

210 Man verzeihe mir, wenn ich hier aus „ad ducalem domum" „zum Palast" gemacht habe. Ein drittes Mal verträgt dieser Satz das Wort „Fürst" nicht – zumindest nicht auf deutsch. Immerhin – es wird wohl das neue Haus auf dem Csepel gemeint sein.

211 Heute Zărand, ein Landkreis in Rumänien.

212 Fehéregyháza, bei Óbuda

Anmerkungen

ÁRPÁDS HEER ZIEHT NUN unter seinen besten Führern gegen Menumorut. Der ist isoliert, kann
nicht mehr auf Unterstützung durch Verwandte
und Verbündete hoffen und scheut darum die direkte Konfrontation. Statt sich zu stellen, flieht er
ins Hinterland. Zwar sollen Teile seiner Truppen
die anrückenden Ungarn bei der Burg Bihor auf-
halten, doch Menumoruts Streitmacht, ein eilig
zusammengestelltes Aufgebot verschiedener Stämme, holt sich eine blutige Nase.

Auch hier wieder ist robuste Befriedung an-
gesagt. Die Magyaren mit ihren Szekler Hilfstruppen schlagen eine blutige Schlacht – siegreich.
Die Ungarn verlieren dabei 40 Mann, Menumoruts Leute beklagen die vierfache Anzahl.

Um eine lange, blutige Belagerung abzuwen-
den, wird den Ungarn die Burg Bihor schließlich
kampflos übergeben. Man hat wohl erkannt, dass
die Lage aussichtslos ist und man so auf eine ver-
gleichsweise milde Behandlung hoffen darf.

Seiner wichtigsten Burg beraubt und eines Großteils seiner Truppen, ändert Menumorut komplett seinen Kurs und kriecht nun zu Kreuze. Unser Chronist betont klar, dass seine Wendehälsigkeit der Angst geschuldet ist, was er offenbar für einen Charaktermangel hält.

Immerhin aber gelingt es Menumorut, nicht völlig sein Gesicht zu verlieren. Auf seinen Vorschlag hin wird die Ehe zwischen Árpáds Sohn Zolta und seiner eigenen Tochter vereinbart. Die beiden Kinder, es sind laut Magister P. tatsächlich noch welche, werden bald darauf vermählt. Sein Reich muss Menumorut den Ungarn überlassen, sozusagen als Mitgift. Er darf aber immerhin als Vasall auf seiner Burg Bihor bleiben.

Die Kinderhochzeit wurde mit allen Prunk gefeiert. Auch hier wieder betont unser Chronist, dass die Kinder des Hofes zu Füßen der Fürsten spielen. Es ist die zweite dieser Stellen. Es mag nebensächlich sein, aber ich frage mich doch, wieso unser Magister dieses Detail so betont, dass er es gleich zweimal präsentiert.

Wenn er es so hervor hebt, war es wohl nicht selbstverständlich in höfischen Kreisen seiner Zeit. Betont er es, weil es damals, am Hof des Großfürsten anders gewesen sein soll? Setzt er damit vielleicht eine Art goldenes Zeitalter seiner Gegenwart gegenüber? Ist es für ihn eine Zeit, in der alles noch sehr viel ungezwungener war als am Königshof, den er erlebte?

Auch wenn es eine Kinderhochzeit war, wird sie mit allem Pomp gefeiert, nur ohne den Brautvater. Der muss auf seiner Burg bleiben und stirbt

167

zwei Jahre später, Árpád bald darauf im Jahre 907.

Nun wendet sich unser Magister Zolta zu.

Nach Árpád

Fürst Zolta, der Nachfolger

Fürst Árpád folgte Zolta nach, sein Sohn, ihm ähnlich in den Ansichten, doch nicht im Wesen. Fürst Zolta hatte nämlich einen deutlichen Sprachfehler, war blass, hatte weiches, flächsernes Haar und mittlere Statur. Dennoch war er ein kriegerischer Fürst von festem Gemüt und mild zu seinen Untertanen: Er hatte eine angenehme Stimme, doch zugleich war er ehrgeizig und machthungrig, wie es ja alle Fürsten und Krieger Ungarns auf so wundersame Art sind.

Einige Zeit verstrich und als Fürst Zolta 13 Jahre alt wurde, bestimmten alle Adligen seines Reiches und die Führer der Stämme nach gemeinsamem Rat einmütig Regenten des Reiches unter den Fürsten. Sie sollten mittels Gesetz und Tradition die Auseinandersetzungen bei Unstimmigkeiten schlichten und auf die Streithähne besänftigend wirken.

Andere bestimmten sie zu Heerführern, mit denen sie verschiedene Reiche verwüsteten, nämlich Lél, Sohn des Tosu, Bulsu, ein Mann des Blutes und Sohn des Bogat, und Botond, der Sohn des Culpun. Diese waren nämlich alles in der Wolle gefärbte Krieger, beherzt und von nichts anderem erfüllt, als sich Völker zu unterwerfen und die Reiche anderer zu verwüsten. Als sie die Erlaubnis des Fürsten Zolta erwirkt hatten, legten sie sich mit einem Heer der Kärntner an und waren plötzlich in Friaul und dann in den Gemarken der Lombardei, wo sie die Stadt Padua[213] mit Feuer und Schwert aufs grausamste brandschatzten.

Die Eindringlinge richteten von dort aus noch großen Schaden in der Lombardei an. Als die Bewohner des Landes versuchten, sich der Grausamkeit und dem Kriegsrasen mit einem Heer aus überall zusammengetrommelten Truppen entgegenzustellen, wurde eine ungezählte Menge der Lombarden durch die Ungarn mit ihren Pfeilen niedergemetzelt, und auch viele Bischöfe und Grafen wurden niedergemacht.

Lutuardus[214], der Bischof von Vercelli, ein weithin bekannter Mann und enger Vertrauter und geheimer Rat von Kaisers Karl dem Kleinen, hörte dies und trachtete danach, deren Grausamkeiten und Gräueltaten zu entkommen – mit all seinen Kunstwerken und unvergleichlichen Schätzen, von denen er mehr hatte, als man sich vorstellen kann. Ohne es zu wissen, floh er auf die Ungarn zu und wurde bald von ihnen gefangen und abgemurkst. So fiel ihnen ein Schatz, dessen Wert sich kein Mensch vorstellen kann, in die Hände.

Zur gleichen Zeit wurde Stephanus[215], der Bruder von Graf Waldo, als er sich nächtens im Bretterverschlag[216] auf der Burgmauer niederließ, um

---

213 Stadt in der gleichnamigen Provinz Italiens, jedoch nicht in der Lombardei.

214 In der deutschen Wiki als Luitward von Vercelli geführt.

215 Dieses Brüderpaar kann ich leider nicht identifizieren.

216 Sorry, ich übersetzte hier „in secessu" – in Abgeschiedenheit – kühn mit „Bretterverschlag", denn ich denke, solch einer wird für solche Zwecke auf der Mauer für ein wenig Diskretion gesorgt haben. Solche Aborterker auf der Mauer, mit denen man dem Gegner auf den Kopf machen konnte, nannte man in

170

zu kacken, von irgendeinem Ungarn durch die Luke dieses Örtchens mit seinem Pfeil schwer verletzt. Er starb in der folgenden Nacht an dieser Wunde.

Lothringen, das Alemannen- und das Frankenreich

Sodann verwüsteten sie Lothringen und Alemannien. Die Ostfranken griffen sie an den Grenzen des Frankenreiches und denen der Baiern an und schlugen viele Soldaten mit ihren Pfeilgewittern[217] in wilder Unordnung in die Flucht. Sie nahmen sich ihre Habe und kehrten zurück zu Fürst Zolta.

Der Tod von Lél und Bulsu

Später – es war im fünften Jahr der Regentschaft von Kaiser Konrad[218] – schickte Zolta, der Fürst der Ungarn, Lél, Bulsu und Botond aus, damals die allseits bekannten und überall gerühmten Krieger, um des Kaisers Lande in Alemannia zu überfallen, damit sie viele Güter an sich brächten. Aber Lél und Bulsu wurden mit einem ganz fiesen

---

Deutschland „heymlich gemach", was dem Originaltext schon sehr nah ist.

217 Jajaja … das Sprachbild von den *Pfeilgewittern* steht so nicht im Text. Aber hier schreibt Magister P. schon wieder *ictibus sagittarum*, also wörtlich *mit den Stichen der Pfeile*. Das schon wieder langweilig halbwegs wortgetreu zu übersetzen, brachte ich nicht über mich.

218 Konrad I., das Jahr wäre dann 916.

Trick gefangen[219] und nahe des Inns am Galgen aufgehängt und hingerichtet[220].

Botond und die anderen Ungarn – oder was noch von ihnen übrig war – erkannten, dass sie durch die gemeine List der Feinde arg in der Klemme waren. Sie hielten jedoch mutig wie echte Männer stand. Die Truppe wurde nicht zerstreut und einer half in dieser Gefahr dem anderen. Brüllend wie verletzte Löwen stürzten sie sich auf die Feinde und richteten unter ihren Gegnern das schrecklichste Blutbad an. Obwohl sie insgesamt besiegt wurden, schlugen sie ihre Gegner dennoch tapfer und metzelten viele nieder.

Glücklicherweise waren das aber nur Zwischenspiele für die Ungarn. Sie überstanden viele Gefahren und das fortwährende Üben in den Gefechten machte sie nun nur umso schneller und besser. So suchten sie Baiern, Alemannien, Sachsen und das Königreich Lothringen mit Feuer und Schwert heim. In letzterem schlugen sie Eranger[221] und Bertold, den Fürsten dort, die Köpfe ab. Von da aus zogen sie ihre Blutspur durch Frankreich und Gallien. Als sie gerade von da als Sieger heimkehren wollten, fügte ihnen ein Hinterhalt der

---

219 Magister P. benutzt hier das verb „irrumpere", also einbrechen, überfallen. Es ist hier also ganz klar ein Raubzug gemeint und hat weder mit der Sicherung des eigenen Territoriums noch mit Siedlungsabsichten zu tun. Dabei werden Lél und Bulsu gefangen. Man muss sich empören!!! Wie können diese Teutonen es wagen, sich nicht willfährig überfallen zu lassen!

220 Eine Hinrichtung ist historisch verbürgt, sie war in Regensburg und später, nach der Schlacht auf dem Lechfeld im Jahre 955.

221 Möglicherweise Erchanger II., der Herzog von Schwaben, der erwähnte Bertold war sein Bruder. Die Brüder wurden aber wegen Ungehorsam gegen ihren Kaiser hingerichtet.

Sachsen eine große Niederlage zu. Wer von ihnen entkam, kehrte heim.

Wegen des Todes von Lél und Bulsu und all seiner anderen Krieger waren Fürst Zolta und sein Hof schwer bestürzt und erklärten den Deutschen die Feindschaft. Um sich für die Verluste durch ihre Feinde zu revanchieren, begannen Fürst Zultu und seine Soldaten nun, über sie herzufallen. Sie gaben keine Ruhe und zahlten es ihnen auf jede nur mögliche Art und Weise heim.

Die göttliche Gnade, die Fürst Zolta beistand, schenkte ihm 931. Jahr der Fleischwerdung des Herrn einen Sohn, den er Taksony nannte. Der hatte schöne, große Augen und weiche, schwarze Haare auf dem Kopf, eine Mähne wie ein Löwe. Ihr werdet davon noch lesen.

Die Feinde von König Otto

Im selben Jahr planten die Feinde des deutschen Königs Otto ein abscheuliches Verbrechen: Sie wollten ihn ermorden. Als sie ihm aber aus eigenen Kräften nichts antun konnten, fragten sie die Ungarn um Hilfe, denn sie wussten, dass die im Kriegshandwerk unübertroffen waren und die Peitsche des Zorns Gottes ihnen viele Reiche geschenkt hatte.

Da schickten also Ottos Feinde ihre Boten zu Fürst Zolta, einem kriegerischen Fürsten, und baten ihn, gegen reichlich Gold ihren Angriff auf König Otto mit seinen Ungarn zu unterstützen. Großfürst Zolta, zum Teil bewegt wegen des Vertrages und der Belohnung, andernteils und nicht zuletzt wegen des Zorns und der Trauer in seiner

Brust um den Tod von Lél und Bulsu, sandte ein großes Heer gegen Otto, den König der Deutschen,.

Von seinen Edlen erwählte er Botond, den Sohn von Culpun, und Szabolcs, den Sohn von Előd zu Heerführern und Feldherrn, sowie Urcun, den Sohn von Eusee. Als sie von Fürst Zolta Abschied genommen hatten, zogen sie mit dem Schwert über die Bairischen und Alemannischen Lande her, über Sachsen und Thüringen, von da aus dann noch weiter und überquerten zur Fastenzeit den Rhein. Da löschten sie dann das Reich der Lothringer mit Pfeil und Bogen aus.

Auch ganz Gallien[222] verwüsteten sie und drangen dabei plündernd in viele Kirchen Gottes ein. Von da aus erzwangen sie sich mit Stahl und Schwert über die Felsen des Mont Cenis[223] den Weg zu den Amalern[224]. Als sie diese höchst kriegerischen Völker in ihren von der Natur bestens geschützten Siedlungen besiegt hatten, überquerten sie den Mont Cenis und nahmen die Stadt Susa[225] ein. Von dort aus eroberten sie die überaus wohlhabende Stadt Turin und dann, sie hatten die flache Ebene der Lombardei gesehen, plünderten sie mit blitzschnellen Vorstößen beinahe ganz Italien, das von von allen möglichen Reichtümern geradezu überquoll.

---

222 Ganz Gallien? Ganz? Es tut mir leid, ein literarischer Flashback.
223 Mont Cenis, italienisch Moncenisio, ein Bergmassiv der Französischen Alpen an der Grenze zu Italien.
224 Mit den Amalern sind eigentlich die Ostgoten gemeint, deren Reich in Oberitalien lag und zu dieser Zeit schon längst vergangen war. Unser Magister, in Erdkunde jenseits der ungarischen Grenzen eher schwach, meint wohl einfach Oberitalien.
225 Susa im Piemont

Daraufhin, sie hatten ja all diese Völker bezwungen, kehrten Botond, der Sohn des Culpun und Urcun, der Sohn des Eusee, glücklich in die vorgenannten reichen Gegenden zurück.

Dort aber – am Rhein – stellte ihnen Otto, der König der Deutschen, eine Falle. Mit der ganzen Macht seines Reiches griff er sie an und tötete viele von ihnen. Botond und Urcun mit dem restlichen Heer wollten aber lieber im Kampf fallen, als den verdienten Sieg aus den Händen geben. So hieben sie hartnäckig auf ihre Feinde ein und machten einen großen Fürsten im Schlachtgetümmel nieder, einen echten Prominenten[226], und andere schlugen sie mit schweren Wunden in die Flucht, deren Preziosen aber nahmen sie sich und kehrten nach Hause zurück – mit einem großen Sieg. Als Bothond und Urcun glücklich nach Pannonien zurückgekehrt waren, begann Bothond, müde von der langen blutigen Arbeit an einer rätselhaften Krankheit zu leiden. So schied er aus dem Licht und wurde nahe am Fluss Vereucea[227] begraben. Dies aber sollen sich alle merken: Dass die Krieger der Ungarn diesen und auch andere ähnliche Kriege zur Zeit des Fürsten Zolta und seines Sohnes Taksony geführt haben.

---

226 Einen prominenten Fürsten, den aber unser Magister nicht beim Namen nennt, denn er berichtet hier von „alternativen Tatsachen". Er kann sich deshalb natürlich nicht auf zuverlässige Quellen stützen. So bleibt er uns den Namen schuldig.

227 Dieser Fluss ist wohl den vielen Wasserregulierungen zum Opfer gefallen und vermutlich im Baja-Kanal in Südungarn aufgegangen, der in Serbien, ein paar Kilometer hinter der Grenze in die Donau mündet.

Die Gründung des Königreiches

Nach der Rückkehr seiner Krieger legte Großfürst Zolta die Grenzen seines Reiches Ungarn fest: In Richtung der Griechen reichte es bis zur Pforte von Wazil und dem Lande Rác, im Westen bis ans Meer, bis zur Stadt Split. In Richtung der Deutschen reichte es bis zur Brücke von Gunselsdorf[228].

Den Ruthenen, die mit Fürst Álmos, seinem Großvater, mitgekommen waren, trug er auf, in dieser Gegend eine Burg zu bauen. An der selben Grenze, jenseits des Sumpfes von Moson, versammelte er einen Haufen Petschegenen um dort zu siedeln und sein Reich zu verteidigen, damit später nie mehr wütende Deutsche aus Rache die Grenzgebiete der Ungarn verwüsten könnten.

In Richtung der Böhmer legte er die Grenzen bis zur Morva fest, unter der Bedingung, dass deren Fürst alljährlich dem Fürsten der Ungarn Tributzahlungen leisteten würde. Genauso verfuhr er mit den Polen und zog die Grenze an der Tatra, wie sie schon zuvor von Borsu, dem Sohn des Bunger, festgelegt worden war.

Nun, da der Fürst Zolta und seine Kämpfer überall in Ungarn ihre Wurzeln schlugen, wählte er für seinen Sohn Taksony eine Braut aus dem Land der Kumanen. Noch zu Lebzeiten ließ er seine Stammesführer den Treueid leisten und machte seinen Sohn Taksony zum Fürsten und Herrn über ganz Ungarn. Im dritten Jahr der Herrschaft seines Sohnes verließ er das Gefängnis seines Leibes und

---

228 Ein Stück südlich von Wien.

176

ging den Weg allen Fleisches. Großfürst Taskony mit all seinen Edlen Ungarns verschaffte mit Macht und Maß alle Tage seines Lebens in seinem Reich dem Recht Geltung. Sein Edelmut sprach sich herum und so strömten viele aus den verschiedensten Ländern an seinen Hof als Gäste.

Aus dem Lande Bular kamen Billa und Boksu, ehrenwerte Herren, mit zahlreichen Muslimen, denen der Fürst in verschiedenen Regionen des Landes Besitz gab und darüber hinaus eine Burg namens Pest als Lehen. Billa und sein Bruder Boksu, von denen das Geschlecht der Ethey abstammt, stellten auf Anregung der Leute, die sie mitgebracht hatten, zwei Drittel zur Sicherung der Burg ab, ein Drittel aber sandten sie zu ihren Kindern. Zu dieser Zeit kam noch ein höchst edler Krieger namens Heten aus derselben Gegend, dem der Fürst Land und andere Besitzungen schenkte.

Fürst Taksony aber bekam einem Sohn mit Namen Géza, den fünften Großfürsten der Ungarn. Etwa gleichzeitig aber kam aus dem Land der Petschegenen mit vierhundert Soldaten ein Mann fürstlicher Abkunft, Thonuzoba mit Namen, Vater von Urkund, von dem das Geschlecht der Thomoy stammt. Diesem gab Fürst Taksony Land zum Siedeln von der Gegend von Kemej[229] bis zur Theiß, bis dahin, wo nun der Hafen von Obad ist. Dieser Thonuzoba aber erlebte noch die Regentschaft des heiligen König Stefan, des Enkels Fürst Taskonys.

---

229 Heute ungebräuchliche Landschaftsbezeichnung für eine Gegend links der Theiß.

Der heilige König Stefan aber verkündete das Wort des Lebens und taufte die Ungarn. Thonuzoba jedoch, ungläubig und verstockt, wollte sich nicht zum Christentum bekennen. Mit seiner Frau ließ er sich lieber lebendig am Hafen Obad[230] begraben, als sich taufen zu lassen und mit Christus in Ewigkeit zu leben. Sein Sohn Urkund aber wurde Christ und lebt mit unserem Heiland in Ewigkeit.

Anmerkungen

IN DIESEM ABSCHNITT LERNEN wir Fürst Zolta besser kennen. Dieser Fürst ist in der Schilderung von Magister P. ein wenig anders als seine Vorfahren: Álmos war ein von Wundern umrankter Superstar, der große Einer, der geistliche und weltliche Führer seines Volkes, von allen verehrt und respektiert. Árpád war ein Heros, ein Musterbild an fürstlichen Tugenden und Mannhaftigkeit, ein Held aus der Steppe und zugleich ein kluger Herrscher und Eroberer. Der junge Fürst hingegen ist blass, hat weiches Haar, ist auch noch blond

---

230 Heute Abádszalók

178

und hat einen Sprachfehler. Dennoch ist er sehr ehrgeizig. Magister P. spricht sogar von "Machthunger" – eine Charakterschwäche, wie er wohl meint.

Endet so für unseren Chronisten die Zeit der Helden und beginnt eine Art Niedergang? Man kann es auch anders sehen: Der junge Fürst entspricht – vom Sprachfehler abgesehen – dem Schönheitsideal eines höfischen Ritters der Zeit unseres Magisters. Er ist aber nicht nur schön, er ist auch machtbewusst und kann seine Interessen durchsetzen.

Doch inwieweit kann er es tatsächlich? Seine Herrschaft ist, so lesen wir, vor allem von Raubzügen geprägt und längst nicht alle waren erfolgreich. War dieses eher kurzsichtige Plündern eine bewusste und absichtsreiche Politik oder war er nur zu schwach, seine unternehmungslustigen Reiter aufzuhalten?

Als er Árpád nachfolgt, ist Zolta noch ein Kind und nicht in der Lage, das Land zu regieren. Ob es wirklich so war, ist ungewiss. Es gibt Forscher, Gyula Kristó zum Beispiel, die vermuten, dass er schon um 880 geboren wurde, also noch deutlich vor der Landnahme. Sogar seine Herrschaft ist nicht unumstritten. Kristó vermutet, dass ältere Verwandte, insbesondere Szabolc der tatsächlich Macht ausübten und de facto die Rolle des Großfürsten einnahmen. Eine Begründung für diese Annahme ist wohl, dass Zoltu für einen Großfürsten zu wenig Grund besaß.

Dass Szabolc für einen minderjährigen Fürsten die Staatsgeschäfte führte, ist sicher nicht un-

wahrscheinlich. Dass er den Sohn Árpáds die Herrschaft aber gar nicht antreten ließ – aus welchen Gründen auch immer – und somit die árpádische Linie der Herrscher unterbrach, ist immerhin denkbar. Stichhaltige Beweise kenne ich dafür aber keine. Allerdings: Es gibt auch keine schriftliche Beweise für die Herrschaft Zoltas.

Warum hätte Zolta nicht Großfürst werden sollen? Hatte er nicht das Zeug zum Regenten? Hatte er keinen Spaß daran? Oder war er als jüngster von vier Söhnen des Amtes nicht würdig, auch wenn er seine drei Brüder überlebt hatte? Wir wissen es nicht und müssen raten. Wenn es aber so war, dann stellt Magister P. die ununterbrochene árpádische Herrscherlinie mit etwas Tinte rasch wieder her und alles ist so, wie es seiner Meinung nach sein sollte.

Immerhin gilt aber die historische Existenz von Zolta als gesichert. Man findet in Südungarn östlich der Donau eine ganze Reihe von Ortschaften, deren Namen auf ihn zurückgehen, die auch vom Siedlungsalter her passen. Man vermutet dort in der Gegend den Ort seines regelmäßigen Sommerlagers. Was wiederum bedeutet, dass zumindest die erste Generation der Ungarn noch ein teilnomadisches Leben führte.

In der Version unseres Chronisten regeln aber zunächst die Hetumoger mehr oder weniger einträchtig die Staatsgeschäfte. Sie bestimmten dann später, als Zolta dreizehn ist – geeignete Männer um bestimmte Angelegenheiten zu regeln oder zu organisieren – also de facto Regenten beziehungsweise Minister mit bestimmten Ressorts.

Die Außenpolitik des jungen Staates war zunächst unter den Hetumogern und auch noch, als Zolta die Macht selbst ausübte, sehr aggressiv. Plünderungen und Raubzüge unternahm man, Handwerke, die die Magyaren schon lange kannten und beherrschten. Diesmal agieren sie ganz ohne Eroberungsabsichten, sondern einzig und allein, um Kasse zu machen. Ziel bzw. Opfer war der Westen, zunächst Italiens Norden.

Was nun folgt, erscheint auch bei wohlwollender Betrachtung ein wenig wirr: Sie überfielen Lothringen, die Alemannen, legten sich erneut mit den Ostfranken an, dann mit den Baiern. Endlich wehren sich die immer wieder Heimgesuchten, locken die Ungarn in einen Hinterhalt und können zwei ungarische Heerführer gefangennehmen und hinrichten. Dies aber hält dies unser lieber Magister für gemeine Trickserei und Tücke. Ich will dies lieber nicht kommentieren. Dieses mal kehren die Reste der ungarischen Reiter nicht im Triumph heim und den „Deutschen" wird Feindschaft geschworen.

Im nächsten außenpolitischen Abenteuer handelt Zolta offenbar nach dem Motto: „Meines Feindes Feinde sind meine Freunde" und lässt sich von deutschen Renegaten verpflichten, um König Otto zu stürzen oder zumindest eine schwere Krise auszulösen. Die Ungarn sollen das Reich des Saliers mit Krieg überziehen und Otto – wenn sich die Gelegenheit ergibt – den Heldentod auf dem Schlachtfeld schenken.

So rückt das ungarische Heer abermals aus, plündert Oberitalien, Gallien und weite Teile der deutschen Lande. Dieser Feldzug wird trotz erneuter Gegenwehr zu einem Erfolg und bleibt nicht der letzte dieser Art unter Zolta. Bei der anschließenden Nachjustierung der Grenzen ist vor allem bemerkenswert, dass die Magyaren die Nachbarn zu Tributen verpflichten können.

Auf Zolta folgt sein Sohn Taskony und setzt das Traditionsgeschäft der „Heeresausflüge nach Westen" fort. Interessanter aber ist, dass plötzlich neue Siedler kommen. Aus dem Lande Bular, wo immer es liegen mag, kommen Billa und Boksu, offenbar Clanführer von muslimischen Siedlern. Ein paar Zeilen später siedelt sich dann noch ein Edelmann namens Thonuzoba mit großem Gefolge in Ungarn an. Seine Heimat nennt Magister P. das Land der Petschegenen. Die Petschegenischen Khanate waren weitläufig und erstreckten sich über die ganze Fläche nördlich des Schwarzen und Kaspischen Meeres. Das ist als Ortsangabe reichlich vage. Meine Quellen schweigen sich leider über die genauere Herkunft aus. Ob seine Leute Muslime waren, Christen oder noch alte Stammeskulte betrieben, kann man kaum sagen. Zumindest seit 1009 traten viele der Petschegenen zum Islam über und eine islamische Diaspora ist schon seit dem 10. Jahrhundert in Ungarn tatsächlich nachweisbar.

Diese „Neuungarn" wurden alle unabhängig von Glauben oder Herkunft willkommen geheißen und sofort in die Struktur des noch jungen Landes einbezogen. Die erhielten eigenes Land und wurden mit wichtigen Aufgaben betraut. Dies entspricht auch dem allgemeinen Kenntnisstand der

Geschichtsschreibung und Archäologie. Nach allem, was man weiß, waren die Muslimen ebenso wohlgelitten wie andere Minderheiten, die nun die ungarische Nation bildeten. Das frühe Ungarn war tolerant und ungewöhnlich integrativ.

Nach Taskony folgt Géza als Fürst der Ungarn und unser Chronist gönnt ihm gerade mal zwei dürftige Absätze. Und dann, ganz plötzlich, endet das Buch, der Text bricht fast abrupt ab und wird rasch beendet.

Es wird unserem freundlichen Chronisten mit seinen manchmal schrulligen Eigenarten doch hoffentlich nichts passiert sein? Oder ist das Werk nur unvollständig überliefert? Fehlt da womöglich noch ein halbes Dutzend Kapitel? Schlummern sie noch irgendwo unentdeckt in einem Miscellanum, einem Geheft aus Fragmenten verschiedener Handschriften? Kann man den Rest noch in einem vergessenen Winkel einer Bibliothek entdecken? Wir wissen es nicht. Was mir sicher zu sein scheint, ist, dass der Text noch ein gutes Stück weitergehen sollte.

Unser Autor hätte bestimmt Géza, den großartigen, manchmal auch herrlich großspurigen Fürsten der Ungarn gebührender darstellen wollen. Seine Freude am Erzählen war ja immer zu spüren und mit Géza hätte er einen großartigen Stoff gehabt. Er war eine schillernde Person und vor allem ein Fürst mit Weitsicht. Er war es, der mit Klugheit und Geschick die Christianisierung seiner Ungarn vorbereitete, um sein Land für Europa „hoffähig" zu machen. Dabei gelang ihm das Kunststück, sich weder vom deutschen Kaiserreich noch von Byzanz oder Rom vereinnahmen zu lassen.

Die Früchte seines Lebenswerks erntete schließlich sein Sohn Stefan. Während Géza den alten Glauben nicht ganz aufgeben wollte, sei es aus politischem Kalkül oder Sentimentalität, nahm sein Sohn das Christentum an und ließ sich (katholisch) taufen. Daraufhin wurde er mit päpstlichem Segen zum ersten König der Ungarn gekrönt und konnte eine bairische Tochter aus bestem Adelsgeblüt heimführen. Damit waren die Ungarn, vor einem Menschenalter noch wilde Brandschatzer, endlich im Kreis der europäischen Nationen angekommen. Nach seinem Tode wurde Stephan sogar heiliggesprochen und wird nach wie vor als Patron in Ungarn heiß geliebt und hochverehrt.

König Stefan, die Ägide eines heiligen Herrschers, das wäre ein Abschluss dieses Werkes gewesen! So hätte es enden können und sollen! Doch der Text versickert leider, bricht ab. Dieses Finale müssen wir uns leider dazudenken.

Magister P. oder Anonymus, wie er in Ungarn heißt, bleibt, von diesem Werk abgesehen, im Dunkel der Geschichte verborgen. Was ihm zustieß, wieso er das Werk unvollendet ließ oder welche Wechselfälle der Geschichte den Rest des Werkes verschlangen, wir werden es leider nicht erfahren.

Dichtung oder Wahrheit?

Eine Einordnung

Wie steht es nun mit dem Wahrheitsgehalt der gesta hungarorum? Ist diese Chronik eine zuverlässige Quelle? Oder eher eine lesenswerte Geschichte, die man nur um ihrer erzählerischen Schönheit willen genießen sollte? Winnetou ist ja auch keine empfehlenswerte Quelle für das Leben der nordamerikanischen Ureinwohner und dennoch ein toller Abenteuerroman. Bedauerlicherweise ist die Frage der Verlässlichkeit ein langer und kaum aufzulösender Streit der Wissenschaft.

In der „Kurzen Geschichte Siebenbürgens", herausgegeben von Béla Köpeczi für das Institut für Geschichte der Ungarischen Akademie der Wissenschaften steht zu lesen:

„Schreibt ein Historiker oder Archäologe heute über die ungarische Landnahme und insbesondere über die landnahmezeitliche Geschichte des Gebietes jenseits der Theiß und Siebenbürgens, muß er sich entscheiden, ob er die umfangreichste und detaillierteste „Quelle", die Gesta Hungarorum des sich selbst Meister P. nennenden, allgemein als Anonymus bekannten Verfassers dazu heranziehen will oder nicht. Im Falle eines Kompromisses verwickelt er sich nämlich rasch in dieselben unaufhörlichen Widersprüche, die schon mehr als zwei Jahrhunderte die ungarische und

die ausländische Geschichtsforschung beschäftigen."[231]

Es gibt Magister P. auf der einen Seite und auf der anderen diverse andere Quellen zur Landnahme, die sich gegenseitig stützen und bestätigen. Man findet diese Stellen in arabischen Schriften ebenso wie in lateinischen aus Italien, aus Deutschland und Frankreich sowie in griechischen Schriften aus Byzanz. Es ist eine unmögliche Aufgabe, diese Quellen und Magister P. in Übereinstimmung zu bekommen, beinahe so, als wolle man zwei völlig verschiedenartige Puzzlespiele kombinieren. Die Teile wollen nicht zusammenpassen, es sei denn, man möchte sie mit einem Hammer zusammenklopfen. Und selbst dann bleibt das Bild unstimmig. Zu viele Personen und Ereignisse, die Magister P. anführt, kennen die anderen Quellen nicht und viele Namen, Sachverhalte und Ereignisse, die die Quellen übereinstimmend anführen, scheinen unserem lieben Magister völlig unbekannt zu sein.

Stattdessen erfindet er offenbar mit großer Fabulierfreude, Helden, Feinde und Gegner aus bestehenden Ortsnamen. Vielleicht kolportiert er auch nur Märchen und Legenden, obwohl er die ja gerade im Vorwort als unzuverlässig ansieht. So kreiert er aus Sobor, slawisch für „Kirchberg", den Helden Zobor, und verfährt ähnlich bei vielen anderen. Weiteres Personal wie Salan oder Menumorut, scheint er gänzlich frei erfunden zu haben.

---

231 „Kurze Geschichte Siebenbürgens" Kapitel III.1., (*Erdély rövid története* Akadémiai Kiadó, Budapest 1989)

186

Sehr verdächtig ist auch die Sache mit der Schlacht auf dem Lager Lechfeld. Magister P. erwähnt diese so wichtige Schlacht mit keiner Silbe, in der nach westlichen Quellen die ungarischen Häuptlinge und Anführer Bulcú, Lél und Sur gefangen wurden. Sie wurden später in Regensburg aufgehängt. Das präsentiert Magister P. so nicht. Stattdessen liefert er „alternative Fakten", eben den missglückten Feldzug, dem angeblich noch weitere folgten.

Tatsächlich wurde das ungarische Heer in dieser Schlacht südlich von Augsburg beinahe aufgerieben. Das Heer der Deutschen war sehr mächtig, denn es war durch das diplomatische Geschick aus allen Landesteilen zusammengetrommelt worden, und dann hatte es auch noch großes Glück mit dem Wetter. Ein Wolkenbruch weichte alle Kombattanten gründlich ein. Das war für das stahlgerüstete Ritterheer weniger schlimm als für die Magyaren. Deren beste Waffe, ihre Bögen, wurden unbrauchbar. So verloren die Magyaren.

In der Folge erkannten die Ungarn, dass ihr „Geschäftsmodell" sich überlebt hatte, und sie gaben diesen fragwürdigen Broterwerb auf. Sie wurden nun zusehends sesshafter, was in diesem Buch aber kaum angedeutet wird.

Seltsamerweise hielten viele ungarische und rumänische Historiker aus nationalem Interesse und auch vielleicht aus Anhänglichkeit und Gewohnheit hartnäckig an Magister P. und seiner gesta hungarorum fest und wollen ihn als verlässliche Quelle nicht missen. Einige halten ihn wohl immer noch für eine gute Quelle. Doch leider

187

muss man ehrlicherweise feststellen, dass sein Bericht an vielen Stellen tatsachenfrei zu nennen ist.

Die historische Landnahme

Wie aber kam es zur ungarischen Landnahme in der Anschauung der anderen Quellen? Ich kann es nur kurz skizzieren.

In der Mitte des 9. Jahrhunderts lag die Heimat der Ungarn in einem vage mit „Etelköz" – also Zweistromland – bezeichneten Gebiet nördlich des schwarzen Meeres, etwa zwischen dem Unterlauf der Donau und dem Asowschen Meerbusen. Als durchaus schlagkräftiges Reitervolk, das mit seinen Bögen sehr gut umzugehen wusste, wurden sie damals für Byzanz und auch für Bulgarische Fürsten zu gefragten Söldnern.

Orientalische Quellen berichten aus der Zeit um das Jahr 880 von einem Heer von rund 20.000 Reitern, die ihre Streifzüge damals auch über die Karpaten bis nach Wien ausdehnten. 894 unterstützten die Ungarn den Kaiser von Byzanz auf einem Kriegszug gegen die Bulgaren, die ihr Reich – ursprünglich mit byzantinischer Billigung – auf dem östlichen Balkan errichtet hatten, nun aber offenbar allzu selbständig wurden. Ein großes ungarisches Heer also zog gegen die Bulgaren zu Felde und war fern von der Heimat, als die Bulgaren die Petschegenen zum Bundesgenossen gewannen. Die Petschegenen griffen die im Etelköz zurückgebliebenen Ungarn an – ihre Alten, die Frauen und Kinder, aber auch die Bauern und die Herden samt Hirten – und zwar mit solcher Hartnäckigkeit, dass die sich aufmachten und ihre Heimat verließen. So konnte das ungarische Heer auf dem Balkan nicht einfach zurückkehren. Sie hätten Ihre Leute nicht mehr angetroffen. Ähnlich ging es einem weiteren Heer der Ungarn, das zu diesem Zeitpunkt an der Seite von Arnulf von Kärnten kämpfte, der als Ostfränkischer König damals über Pannonien bis zur Donau herrschte.

Der brauchte Hilfe, denn er lag gerade mit den Mähren im Clinch. Auch sie konnten nicht mehr ins Etelköz zurück. Ob durch Zufall oder Absprache, das Letztere ist wohl wahrscheinlicher, zogen alle drei Abteilungen der Ungarn ins Karpatenbecken und ließen sich bis 895 dort nieder, bis zu einer Linie von Donau und Garam, als östlicher Nachbar des Ostfrankenreiches. Die nächsten Jahre, bis zum Sommer 900, lebten sie dort wohl in Eintracht mit ihren Nachbarn. Es wird von keinen Kämpfen berichtet. Im Jahre 900 erfolgt die zweite Stufe der Landnahme: Die Ungarn nutzen die Schwäche der Ostfranken in Pannonien ebenso aus, ebenso die die der Mähren weiter nördlich und besetzen Pannonien und das Gebiet bis zur Morva. So verschieben sie ihre Grenze bis Pressburg.

Sie kamen damit Luitpold, in die Quere, Markgraf in Kärnten und Oberpannonien und verwandt mit den Karolingern. Als die Ungarn die Bayern und Kärtner in der Schlacht bei Pressburg im Jahre 907 vernichtend schlagen, – auch ein wichtiges historisches Ereignis, das Magister P. nicht anführt – sichern sie sich endgültig ihr Reich und haben so eine offene Tür für ihre „Expeditionen" in den Westen, für ihre Überfälle, die sie noch fast ein halbes Jahrhundert durch Europa führen. Die ungarischen Reiterheere waren auf dem ganzen Kontinent für ein Jahrhundert teils als Söldner berühmt, teils als plündernde Marodeure gefürchtet.

Sie erzielten „...überwältigende Siege über die Heere Italiens, Baierns, Thüringens, Frankens, Sachsens und Burgunds, nahmen viele italienische und westeuropäische Städte ein, die sie plünderten und brandschatzten. Sie kamen bis nach Dänemark und Bremen, bis zum La-Manche-Kanal, nach Aquitanien und zum Atlantik, in Spanien bis Andalusien, in Italien bis Otranto und bis zum Ende der 960er Jahre nach Konstantinopel und Thessalonike."[232]

Soweit die Geschichte, wie sie die Quellen jenseits des Karpatenbeckens darstellen. So kommt man wohl nicht umhin, den Wahrheitsgehalt der gesta hungarorum zumindest mit einem großen Fragezeichen zu versehen.

Der Wert der Gesta Hungarorum

Ist die gesta hungarorum also nur ein Haufen vergnüglicher Quatsch? Nein. Das würde dem Werk auch nicht gerecht. Obwohl wenn Magister P. wohl nicht viel Verlässliches zur Geschichte der Landnahme beiträgt, so ist es dennoch ein wunderbarer Spiegel, der die Entstehungszeit des Werks ausleuchtet. An vielen Stellen blitzt immer wieder durch, wie sich Ungarn, ein

---

232 „Kurze Geschichte Siebenbürgens" Kapitel III.1., (*Erdély rövid története* Akadémiai Kiadó, Budapest 1989)

junger Staat in einem dynamischen Europa, selbst sieht: selbstbewusst und dem Westen zugewandt, und doch verbunden ihrer Geschichte und Herkunft aus dem Osten. Die Raubzüge der Magyaren sind zur Zeit unseres Magisters längst vorbei. Die Ungarn sind inzwischen sesshaft geworden und es entwickeln sich zu diesem Zeit auch hier Ritterheere mit Lanze und Schwert. Die leichtgerüsteten Reiter mit dem Bogen und Säbel sind zur Zeit unseres Chronisten längst die auslaufende Waffengattung.

In den vielen Herleitungen der Namen von Burgen, Städten und Orten, die wohl überwiegend fragwürdig sind, erkenne ich das Bedürfnis, dass seine Helden das Land nicht nur erobert und verwaltet haben sollten. Die Ahnen sollten es bitte durch Gründungen von Städten und Burgen entwickelt und nachhaltig geprägt haben.

Auch die Form der Eroberung, die in weiten Teilen so friedlich verlief, dass man meinen könnte, das Land und seine Bewohner hätten nur auf Árpád und seine Reiter gewartet, um endlich unter guten Herren zu gedeihen, ist wohl zumindest teilweise von Wunschdenken geprägt. Aber nicht nur. Hier könnte doch ein Körnchen Wahrheit stecken, vielleicht sogar mehr als nur eines. Tatsächlich gelang es den Magyaren offenbar immer wieder, die bestehende Führungsschicht zu verdrängen oder zu ersetzen, ihre Untertanen aber zu schonen. Das ist auch durchaus haushälterisch gedacht: Warum die bekämpfen, von deren Naturalabgaben der eigene Wohlstand abhängt? Dem Landvolk wiederum wird es kaum so wichtig gewesen sein, wem

191

sie ihren Zehnten leisten. Wichtiger war ihnen, in Frieden ihr Tagwerk verrichten und wie gewohnt leben zu können. Dies scheint der Fall gewesen zu sein. Die ungarische Tiefebene ist sehr geräumig und bot allen Platz, den alten Bewohnern ebenso wie den Neuen.

Was also bleibt? Ich erkenne ein wohl eher fiktionales Werk im Gewand einer historischen Chronik, das um seiner selbst geschätzt und geliebt werden darf. Das Werk ist spannend erzählt, anschaulich und – dies vielleicht vor allem – ein Zeugnis für die große integrative Kraft der Ungarn. Selbst wenn die Details alle nicht richtig sind, zeigt es doch, wie die Magyaren aus vielen Völkern, Sippen und Nationalitäten, die sie mitbrachten, vorfanden oder später erst willkommen hießen, das bunte und vielgestaltige Ungarn schufen – mit all seinen unterschiedlichen Traditionen. Das Ungarn, das wir noch heute lieben: Ein Land, das sich immer dann von seiner besten Seite zeigt und gedeiht, wenn es sich der Welt öffnet.

Ein persönliches Nachwort

Wer je mit mir in der Schule Latein lernte, wird sich fragen, wie um Himmels Willen ausgerechnet ich es wagen kann, ein lateinisches Werk zu übersetzen. Ich mochte zwar Latein, doch die Sprache mochte mich damals nicht. Dass ich dennoch die Sprache der Römer zumindest soweit gelernt habe, dass ich mich an dieses Büchlein wagen konnte, verdanke ich meinem Lehrer, Herrn Dr. M.

„Docendo discimus" sagte er, durch das Lehren lernen wir. Darum vermittelte er mir in der Oberstufe einen Nachhilfeschüler, mit dem zusammen ich die Sprache ein zweites Mal und diesmal genauer lernte. So konnte ich meine hartnäckigen Unarten zu guten Teilen ausmerzen. (Beileibe aber nicht alle!) Die für mich wichtigsten Lektionen aber lernte ich dummerweise mit meinem Schüler zusammen erst in den zwei Jahren nach meinem Abitur, sodass ich Latein erst nach der Schule halbwegs beherrschte. Für Cicero reichte es nicht und wird es wohl nie reichen, doch ein wenig Thomas von Aquin las ich im Studium im Original und kam damit leidlich zurecht – weit besser als je in der Schule.

Überhaupt liegt mir das mittelalterliche Latein mehr als die geschraubten Sätze, mit denen der eitle Satzdrechsler und Ehrgeizling aus Arpinum Eindruck schinden wollte. Als ich dann den Text unseres Magisters zufällig im Netz entdeckte und hineinlinste, sah ich ein angenehm einfaches Lesestück, dass mich nicht überforderte. Mein Wortschatz war natürlich eingestaubt und die Arbeit an den „gesta" war anfangs ein wenig … harzig. Doch sehr vieles, was im Gedächtnis verschüttet war, ließ sich ausbuddeln und auch die dienstbaren Geister des Computers halfen, indem sie das zeitraubende Blättern nach der genauen Form oder der passendsten Bedeutung eines Wortes sehr beschleunigten.

So wagte ich es. Dennoch sind meine Fähigkeiten in dieser schönen Sprache immer noch recht limitiert. Ganz sicher ist das vorliegende Werk keine Übersetzung, die den hohen Ansprüchen eines echten Altphilologen in linguistischer Hinsicht genügen wird. Ich habe mir allzu oft tiefe Eingriffe in die Struktur der bandwurmartig langen Sätze erlaubt und die Konstruktionen zwar immer sinngemäß, mitunter jedoch recht frei aufgelöst.

Mein Ziel war ja auch nicht eine wort- und konstruktionsgetreue Version, die einen sprachlichen Lackmustest besteht. So gut bin ich als Lateiner nicht. Aber ich bin inzwischen ein ganz brauchbarer Autor. Ich kann gefällig erzählen und mit Worten umgehen. So war es mein selbst gesetztes Ziel, unserem Magister eine Stimme zu verleihen, in der er zu Lesern des 21. Jahrhunderts sprechen kann.

Ich wollte eine Brücke über die Abgründe der Zeit schlagen. Lesbarkeit und die Geschmeidigkeit für Ohr und Hirn war mir deshalb wichtiger als die absolut korrekte Wiedergabe aller Satzgefüge und eine wörtliche Übersetzung. Auch wenn ich mich so frech und mit flinken Fingern auf der Tastatur über vieles hinwegsetzte, habe ich dennoch nie den Respekt gegenüber dem Text verloren. Den Text des Originals wird man auch in meiner Interpretation immer und an jeder Stelle wiederfinden können.

So kann meine Version der gesta hungarorum, das hoffe ich zumindest, auch nach so vielen Jahrhunderten seine Leser erfreuen und verhelfe damit dem Text wieder zu seiner ursprünglichen Aufgabe. Das war mein Wunsch, denn solch eine Geschichte ist nicht für die nüchterne Wissenschaft geschrieben worden.

Es entspricht zwar nicht den Gepflogenheiten, dennoch erlaube ich mir nun, ganz zuletzt einen ganz persönlichen Gruß.

Lieber Magister P., geschätzter Kollege, viel Zeit ist vergangen, seit Dein Schreibrohr dieses Werk festhielt. Die Welt hat sich gewandelt. Deine Leser sind heute sicher nicht die, die Du damals im Sinn hattest. Ich glaube fest, als Du dieses Werk schriebst, wolltest Du die Menschen mit dieser Geschichte bewegen, sie begeistern und ihnen Freude bereiten. Das spüre ich auf jeder Seite. Damit das auch heute noch gelingt, musste ich Dein Werk ein wenig abstauben, doch ich glaube, Dein Ziel, die Herzen der Leser, erreichst Du heute immer noch. Auch nach Jahrhunderten.

Mit großer Achtung sende ich Dir kollegiale Grüße in die Ewigkeit,

Dein

Alexander Bálly

195

Danksagung

Ich habe bei diesem Werk viel Hilfe gehabt. Viele treue Freunde haben mich bei diesem reichlich exotischen Werk sehr unterstützt und zum Durchhalten ermutigt. Ohne sie hätte ich kaum durchgehalten. Ihnen allen gilt mein Dank!

Liebe Elisabeth, als Freundin, Kollegin und Lateinlehrerin hast Du mir die Angst genommen, ich könnte nur Unsinn verzapft haben.

Hanne, Du bist nicht nur seit Jahrzehnten eine liebe Freundin, sondern auch bei jedem meiner Bücher das scharfe Auge, das darin auf Fehlerlese geht.

Und Du, Ferenc Mikael Mansen! In Dir fand ich durch dieses Buch einen neuen Freund und lieben Kollegen. Du schreibst Fantasy und Horror und hast die große Karte gezeichnet. Zwar liegen Land und Meer zwischen uns, doch sie trennen uns nicht. Wenn die Leser mal eine Karte brauchen, hoffe ich, sie wenden sich an Dich: www.mikaelsmaps.com

Ach - es gibt noch viele, die ich hier nicht alle namentlich nennen kann, aber ich danke Euch allen von ganzem Herzen! Mein Erfolg wäre ohne Euren Beistand nicht denkbar.

Appendix

zur Aussprache im Ungarischen

Die ungarischen Begriffe und Namen wollen uns Ausländern manchmal nicht so recht über die Zunge rollen, auch wenn die Ungarn dankenswerterweise immer genau so schreiben, wie sie sprechen.

Doch die Ungarn kennen ein paar Laute mehr als wir, benutzen aber das lateinische Alphabet. Also müssen sie mit weniger Buchstaben auskommen, als sie Laute haben.

Bei den zusätzlichen Vokalen behelfen sie sich mit Apostrophen. Man muss also zuerst begreifen, dass es sich bei „á", „é", „í", „ó" und „ő"um eigene Vokale handelt und keineswegs um Betonungszeichen.

Recht schnell lernt man, das ein „s" den Lautwert unseres „sch" hat, der Laut „s" aber entweder mit „z" oder „sz" geschrieben wird. Schwieriger sind die Laute, die man mit Buchstabenkombinationen schreibt wie „cs" , „gy" , „ly" und andere. Dies sind für ungarische Ohren völlig selbständige Laute und haben im Wörterbuch eigene Abteilungen.

Es folgt eine vollständige Aufstellung der ungarischen Buchstaben und ihrer Lautwerte:

a	ɒ	gerundetes a (zwischen a und o)
á	a:	deutsches langes a
b	b	wie das deutsche b, aber immer weich
c	t͡s	ein t das unmittelbar in ein s übergeht)
cs	t͡ʃ	deutsches tsch
d	d	deutsches d, immer weich
dz	d͡z	das d geht direkt in ein weiches s über
dzs	d͡ʒ	deutsches dsch mit weichem sch
e	ɛ	kurzes ä bzw e, klanglich genau dazwischen
é	e:	lang gesprochenes deutsches e
f	f	deutsches f
g	g	deutsches g, immer weich
gy	ɟ	zusammengezogener Laut aus d und j
h	h	deutsches h, (fast) immer stimmhaft
i	ɪ	kurzes i
í	i:	lang gesprochenes deutsches i
j	j	deutsches j
k	k	deutsches k ohne Aspiration
l	l	deutsches l
ly	j	ebenfalls wie das deutsche j
m	m	deutsches m
n	n	deutsches n
ny	ɲ	Verbundlaut aus n und j
o	ɔ	kurz gesprochenes deutsches o
ó	o:	lang gesprochenes deutsches o
ö	œ	kurz gesprochenes deutsches ö
ő	ø:	langes deutsches ö
p	p	deutsches p ohne Aspiration
q	kv	deutsches qu (kw gesprochen)
r	ɾ	r, immer rollend
s	ʃ	deutsches sch
sz	s	deutsches hartes s

t	t	deutsches t ohne Aspiration
ty	c	enge Verbindung von t und j
u	u	kurzes deutsches u
ú	u:	langes deutsches u
ü	Y	kurzes deutsches ü
ű	y:	lang gesprochenes deutsches ü
v	v	deutsches w
w	v	deutsches w
x	ks	deutsches x
y	i	deutsches j
z	z	deutsches s, immer weich
zs	ʒ	weiches sch

Es hilft sehr, Muttersprachlern zu- und sich in diese Lautwelt einzuhören. Für die Aussprache gilt die Grundregel: **IM**mer **ER**ste **SIL**be **BE**tonen.

Darüber hinaus kann ich nur raten, nicht den Mut verlieren und nie aufzugeben.

Namensliste

Magister P. führt viele Namen auf. Man verliert leicht den Überblick. Die vielen Namen wären an und für sich schon herausfordernd genug. Die Tatsache, dass sie in verschiedenen Quellen teilweise in sehr unterschiedlichen Formen auftauchen, macht es nicht leichter.

So kommt der jüngste Sohn von Fürst Árpád, Fürst Zultu je nach Quelle auch als Solt oder Zsolt, auch Zolta oder Zaltasz bzw. Zaltas vor.

Allein schon die Versuche der verschiedenen Autoren, auch Magister P. gehört dazu, die exotischen Namen zu latinisieren oder einzudeutschen, sorgen für eine gewisse Verzerrung. Der lange zeitliche Abstand sorgt zudem noch für weitere Verformung der Namen.

So ist es leider nicht immer einfach, die Namen mit den Personen zu verbinden. Wenn einem also ein Name aus dieser Epoche unterkommt, tut man gut daran, aufmerksam zu bleiben und ihn nicht als in Stein gemeißelte „offizielle Namensform" zu betrachten. Notfalls muss man als Hobbylinguist versuchen, etwas querzudenken.

Hier nun für Sie die Liste der Namen. Wenn mir dabei vielleicht nicht alles optimal gelang und ich Daten oder Namensformen vergessen habe bitte ich um Nachsicht.

Alaptolma, auch Oluptulma, Kumane, Sohn von Ketel, schloss sich Álmos an

Alexander der Großes, auch der Zweigehörnte in der islamischen Überlieferung, * 356 v. Chr., † 323 v. Chr.

Álmos, * ca. 820 – † ca. 895, Fürst der magyarischen Stämme. Er einte die eher locker verbundenen Stämme der Ungarn um das Jahr 850 und war wohl eher ein sakraler Führer. Über seinen Tod berichten die Chroniken von Buda, Pressburg und Wien bzw. die Chronica Hungarorum, nicht aber dieses Werk. Hier verschwindet er einfach. Nach den genannten Quellen hat Álmos das Land Pannonien nie betreten.

Andreas I., auch András , Endre, * 1015, † 1060, König von Ungarn, regierte ab 1047 bis zu seinem Tode. Er beendete eine sehr wirre Phase der Politik nach König Stefans Tod.

Árpád, * um 845 , † um 907, Großfürst der Magyaren und Eroberer des Karpatenbeckens, Vater der ungarischen Nation.

Attila, auch auf altungarisch Etele, von der sich wohl die deutsche Namensform Etzel herleitet. Etele wird auch zu Ete verkürzt. Etelka ist die weibliche Form des Namens und, wie auch „Attila", ein in Ungarn gebräuchlicher Name. † 453, Fürst der Hunnen, der im 5. Jahrhundert das Karpatenbecken eroberte.

Billa, Bruder von Boksu, Führer einer muslimischen Siedlertruppe unter Fürst Taksony, die sich in Ungarn ansiedelte.

Biuia, transsilvanische Adeliger, Sohn von Gyula, dem Jüngeren.

Bogat, magyarischer Krieger und Vater von Bulsu.

Boksu, Bruder von Billa, Führer einer muslimischen Siedlertruppe unter Fürst Taksony, die sich in Ungarn ansiedelte.

Borsu, auch Bors. Magyarischer Held, Sohn von Bunger. Von Árpád mit der Burg Borsod belohnt.

Botond, magyarischer Hauptmann, Sohn von Culpon, von Árpád mit Land am Bodrog ausgezeichnet.

Boyta, Stammesführer der Kumanen, schloss sich Álmos an. Wird von Árpád mit Land an der Theiß belohnt.

Bucna, transsilvanische Adeliger, Sohn von Gyula, dem Jüngeren.

Bulsu, auch Bulcsú , † 955 in Regensburg, was der Darstellung in der Gesta widerspricht. Magyarischer Hauptmann und Sohn von Bogat.

Bunger, auch Böngér. Magyarischer Held, Vater von Borsu.

Caroldu, transsilvanische Adelige, Tochter von Zumbor.

Csanád, Militärführer von Ajtony, wechselte die Seite und fügte ihm für König Stefan die entscheidende Niederlage zu und tötete ihn im Kampf. Er erhielt die Witwe seines ehemaligen Herrn und diese Region, die nach ihm benannt wurde.

Culpun, magyarischer Hauptmann, Vater von Botond. Von Árpád mit Land am Bodrog ausgezeichnet.

Cyrus, auch Kyros, * um 590 v. Chr., † 530 v. Chr. König der Perser.

Darius, auch Dareios, * 549 v. Chr., † 486 v. Chr. König der Perser.

Doboka, auch Dobuca. Adliger in Transilvanien, Vater von Csanád.

Eculsu, magyarischer Krieger und Adliger, Burgherr der Feste Sabolcs.

Ed, Stammesführer der Kumanen, schloss sich Álmos an. Wurde von Árpád mit Land um Tókay belohnt.

Edum, auch Edumenek, Edunec. Stammesführer der Kumanen, schloss sich Álmos an. Wurde von Árpád mit Land um Tókay belohnt.

Előd, auch Eleud. Einer der sieben Stammesfürsten der Magyaren, Vater von Zobolsu.

Emesu, auch Emse. Mutter von Álmos.

Eranger, † 917. Möglicherweise Erchanger II., der Herzog von Schwaben, der erwähnte Bertold wäre dann wohl sein Bruder.

Ete, Kriegsheld und Fürst der Magyaren. Sohn von Ond und Vater von Eudu.

Etu, Stammesführer der Kumanen, schloss sich Álmos an.

Eudu, Sohn des Ete, magyarischer Held, von Árpád ausgezeichnet und mit Ländereien an der Donau belohnt.

Eunedubelian, auch Előd (?) Yedbelia. Fürst der Magyaren, Vater von Emesu und Großvater von Álmos.

Eunedubelian, vermutlich ein Stammesfürst der Ungarn und Großvater von Álmos.

Eusee, magyarischer Held und Heerführer. Vater von Urcun.

Gelu, walachischer Herrscher in Transsilvanien.

Géza, * ca. 940, † 997. Großfürst der Magyaren, Vater von König Stefan I. Er beendet die Raubzüge der Ungarn, treibt die christliche Missionierung voran und bahnt dem Königtum den Weg.

Glad, slawischer Adliger und Burgherr der Festung Bodony.

Gog und Magog, legendäres Brüderpaar, Magog galt als Urahn der Skythen. Auch die Offenbarung des Johannes (siehe dort im Kapitel 20 die Verse 7 und 8) kenn Gog und Magog, allerdings als nicht als Personen sondern als legendäre, wilde Völker, die vom Satan befreit und im jüngsten Gericht besiegt werden. Auch auf die Verse 83 -98 in Sure 18 erwähnen sie, denn dort wird vom „Zweigehörnten" erzählt, einem legendären Helden und gottesfürchtigen Mann, den man gerne mit Alexander dem Großen gleichsetzte. Den bat man gegen Gog und Magog um Hilfe, die „Unheil auf der Erde stifteten". Er beseitigte die Gefahr, indem er sie mit einer Mauer aus Eisen und Kupfer in ihrem Land einschloss.

Gyula der Jüngere, auch Gyula Prokuj. Nachfahre von Tétény und Fürst von Transsilvanien, Vater von Biuia und Bucna und Onkel mütterlicherseits von König Stefan I. Von diesem wurde er wegen Aufruhr und seiner Weigerung, das Christentum anzunehmen, entmachtet.

Gyula, der Ältere , auch Sombor Gyula, transsilvanischer Herrscher aus dem Haus Tétény, Sohn von Hurka und laut Magister P. der Bruder von Zumbor. Hier ist Magister P. ein Fehler unterlaufen. Er führt Gyula und Zumbur als Söhne Horkas auf. Es war es wohl nur eine Person, meist aufgeführt als Gyula der Ältere. Der Name Zumbur war wohl ein Eigenname, Gyula hingegen eine Art magyarischer Häuptlingstitel. Der Name wurde irrtümlicherweise, vielleicht aber auch bewusst mit dem lateinischen Namen Julius gleichgesetzt. Im 19.Jahrhundert, im Zuge der nationalen Begeisterung, wurde Gyula zum einem Ungarn gebräuchlichen und inzwischen sehr beliebtem Vornamen.

Heten, ein Landsmann von Billa und Bosku, ein Krieger und vermutlich

204

ein Muslim. Er siedelte sich unter Fürst Taksony in Ungarn an.

Hetumoger, Stammesführer der sieben Stämme der Magyaren.

Horka, auch Harka. Kriegsheld und Fürst der Magyaren, Sohn von Tétény, Vater von Gyula, dem Älteren.

Huba, einer der sieben Stammesfürsten der Magyaren, von Árpád zum Grafen von Nyitra erhoben.

Hulek, auch Hulec. Magyrischer Fürst, Onkel von Álmos.

Kadusa, Kriegsheld und Fürst der Magyaren, Sohn von Hulek, Vetter von Álmos, Onkel von Árpad.

Ketel, Stammesführer der Kumanen, Vater von Alaptolma, schloss sich Álmos an. Er und sein Sohn werden von Árpád für seine Leistungen mit dem Land um Komárom belohnt.

Konrad I., * um 881, † 918, Kaiser ab 911. Kaiser des Ostfrankenreiches. War politisch schwach, auch wegen der Ungarnüberfälle.

Korcán, auch Curzan, Kurszán, ein Kriegsheld und Fürst der Magyaren, der Sohn von Kund.

Kund, auch Kunduz, Kent oder Kind. Einer der sieben Stammesfürsten der Magyaren, Vater von Korken, von Árpád belohnt.

Lél, auch Lee, Lehen, Level, † 955 in Regensburg. Dieses verbürgte Datum verschweigt die Darstellung in der Gesta. Heerführer und Fürst der Magyaren, Sohn von Tosu.

Lorch, auch Duma. Statthalter von Fürst Sala, Herr über die Burg Ung und Zemlin.

Luitward, auch Liutward von Vercelli, † 901. Bischof von Vicelli und Erzkanzler und Berater von Kaiser Karl III. Sein Tod bei einem Ungarneinfall 901 ist belegt.

Menumorut, auch Marot. Slawischer Fürst und Enkel und Vasall von Salan, Herr über das Land zwischen Theiß und den Karpaten.

Ócsád, auch Acsád, magyarischer Held, Vater von Ösúr. Stammesführer der Kumanen, schloss sich Álmos an und wird von Árpád belohnt.

Ogmand, magyrischer Kundschafter aus dem Stamm von Tétény, Vater von Opaforcos.

Ond, auch Ound, Ondu. Einer der sieben Stammesfürsten der Magyaren, der Vater von Ete. Von Árpád mit Land an der Theiß um Olpe herum ausgezeichnet.

Opaforcos, magyarischer Held, Sohn von Ogmand.

Ösúr, auch Erősur, Erus, Ursur, Usuur, Vrsuur, Vrsuuru, magyarischer Held und laut Magister P. der Begründer des Hauses Ösúr. Wird von Árpád belohnt.

Otho, ein Nachfahre von Fürst Glad, erschlagen von Sunad. Mehr konnte ich nicht erfahren.

Peter Orseolo, auch Peter Urseolo; , * ca. 1008, † 1046, König von Ungarn. Neffe von König Stefan, Enkel des Dogen von Vendig. König von Ungarn von 1038 bis 1041. Dann wurde er abgesetzt, war aber erneut König von 1044 bis 1046.

Pota, ungarischer Adeliger, Neffe von Ed und Edum.

Sac, magyarischer Kriegsheld und Neffe von Szabolcs.

Salan, auch Salanus. Slawischer Fürst bulgarischer Abkunft und Herr des Landes zwischen Donau und Theiß und darüber hinaus bis zu den

Karpaten. Großvater von Menumorut.

Sámuel, auch Oda, Sámuel Aba, Aba, Ovo oder auch Odo, * um 990, †
1044, König von Ungarn von 1041–1044, Nachfahre von Pota, Ed und
Edum.

Saroltu, * um 950, † um 1008. Transsilvanische Adelige, Tochter von
Zumbor, Frau von Großfürst Géza und Mutter von König Stefan.

Sepel, kluger kumanischer Reitknecht und Guts- und Gestütsverwalter in
Árpáds Gefolge. Die Insel Csépel ist nach ihm benannt.

Stefan, * 969, † 1038. Sohn von Großfürst Géza, erster König Ungarns
und später heiliggesprochen.

Sunad siehe Otho.

Szabolcs, auch Zobolsu, Kriegsheld und Fürst der Magyaren, Sohn von
Előd, Onkel von Sac. Er gilt als Vater des Csák-Clans. Ob es ihn aber
gab, ist in der Forschung umstritten.

Szekler: Wer die Szekler waren und woher sie kamen oder wann, ist nicht
völlig geklärt. Die Idee, sie könnten hunnischen oder avarischen Ur-
sprungs sein, gilt als überholt. Sicher ist, dass es eine Volksgruppe in
Ostsiebenbürgen ist, die einen ungarischen Dialekt sprechen. Vermutlich waren sie bulgarische, kumanische oder petschegenische Siedler,
die dann das Ungarische angenommen haben, als sich das im 12. Jahrhundert sich im Karpatenbecken allgemein durchsetzte. Die Szekler
bewahrten einen höheren Anteil von Wörtern, die aus Turksprachen
stammen. Nur nebenbei bemerkt – das Székely Gulyas, papriziertes
Schmorfleisch mit Sauerkraut – ist aber nicht auf die Szekler zurückzuführen, sondern auf den Dichter József Székely.

Taksony, auch Toskun, Toxun, Taxis. * 931; † 970 oder 973, ab 955
Großfürst der Ungarn, Sohn von Zolta, Enkel von Árpád. Der historische Taksony regierte nach der Schlacht am Lechfeld. Er beendete die
Raubzüge, stärkte seine Macht gegenüber den Stämmen und begann
vorsichtig die christliche Mission.

Tétény, Tuhutum, Töhötöm, Tuhutu. Einer der sieben Stammesfürsten der
Magyaren, Vater von Horka.

Thonuzoba, Vater von Urkund, Fürst aus dem Land der Petschegenen,
siedelte sich unter der Herrschaft von Fürst Taksony in Ungarn an.

Tosu , auch Tas, Thosu. Einer der sieben Stammesfürsten der Magyaren,
Vater von Lél

Tulma, Sohn von Ketel. Ob es sich um eine Kurzform von Alaptolma
handelt oder um den Namen einer weiteren Person, ist unsicher.

Tursol, Kumanischer Veteran und Mitglied der ersten Delegation zu Fürst
Salan. Wurde von Árpád mit Land belohnt.

Ugek, auch Ügyek, Ugyel, Ugek, Ugeg, Vgec, Vger, Ögyek. Vater von
Álmos, Fürst eines der Magyarenstämme.

Ulrich von Augsburg, * 890, † 973, Bischof von Augsburg und Ratgeber
von Kaiser Otto I. Seiner Initiative ist die Vereinigung der deutschen
Streitkräfte zu verdanken, die den Ungarn 955 auf dem Lechfeld die
schwere Niederlage erteilten.

Urcun, magyarischer Kriegsheld und Sohn von Eusee.

Urkund, Sohn von Thonuzoba. Nicht verwechseln mit Urcun.

Usubu, magyarischer Adliger und Held, Vater von Zolovcu.

Velec, magyarischer Adliger und Held.

Vojta, magyarischer Adliger und Held.

Zemera, auch Szemere. Nachfahre von Huba, für seine Klugheit berühmt. Wer genau gemeint ist, liegt im Dunkel der Geschichte. Der erste urkundlich erwähnte Szemere war der Ispán Szemere in einem Dokument aus dem Jahr 1290.

Zolovcu, magyarischer Adliger und Held, Sohn von Usubu.

Zolta, auch Zulta, Solt, Zsolt. * 896 oder um 880, † 949, Großfürst der Magyaren, Sohn von Árpád. Fürst, Vater von Taksony.

Zuárd, auch Zuard, Szórád, Zoárd. Kriegsheld und Fürst der Magyaren, Sohn von Hulek, Vetter von Álmos, Onkel von Árpad.

Zubur, Fürst der Stadt Nyitra, Vasall der Böhmen. Die slowakische Wiki führt diesen Mann als Zubor auf, einen legendären Herrscher von Nytra aus dem 11. Jahrhundert. Man muss annehmen, dass unser Chronist diesen Mann aus Fabulierlust einfach in seine Chronik eingebaut hat. Ein oder zwei Jahrhunderte hin oder her, wen störts schon?

Zumbo, magyarischer Adliger, Enkel von Tétény.

Zumbor, auch Sombor Gyula, Zumbo, siehe Gyla der Ältere. Transsilvanischer Adeliger aus dem Hause Tétény und Sohn von Hurka, Bruder von Gyula, dem Älteren und Vater von Gyula dem Jüngeren. Seine Tochter Saroltu wird die Gemahlin von Großfürst Géza und die Mutter von König Stefan.

Liste der Orte

An vielen Orten wechselten im Laufe der Zeit die Herrscher und damit auch die Bezeichnungen für die Dörfer, Flüsse, Berge und andere Landmarken. Diese Liste kann ein wenig Orientierung geben, ist aber gewiss nicht vollständig.

Wenn sie den einen oder anderen verführt, den einen oder anderen Ort daraus zu besuchen, würde es mich sehr freuen.

Alemannien / Alemannenreich: Gemeint ist das Herrschaftsgebiet der Schwaben, Teile der Schweiz, Badens und Württembergs.

Almás: Ein kleiner Fluss in Rumänien, Nebengewässer des Samosch.

Amaler, Land der: Mit den Amalern sind eigentlich die Ostgoten gemeint, deren Reich zu dieser Zeit schon längst vergangen war. Gemeint ist einfach Oberitalien, wo sie im sechsten Jahrhundert ein Reich mit der Hauptstadt Ravenna errichteten.

Aquincum: Römische Garnison und große Provinzstadt am Westufer der Donau, heute in Budapest im Stadtteil Óbuda gelegen.

Aranka, Fluss: Magister P. nennt den Fluss Szetuerg. Als solcher ist er nur mühsam zu finden. Der Fluss wurde später umbenannt in Aranka, die ungarische Verkleinerungsform für *arany*, Gold, also etwa „Göldchen", was einen Hinweis auf seine wirtschaftliche Bedeutung liefert.

Attilas Stadt: Die Ruinen von Aquincum, der römischen Garnison auf dem westlichen Donauufer bei Budapest. Heute in Obuda in Budapest.

Baiern: Damals war das Herzogtum weit größer als das heutige Bayern: Es umfasste Tirol, das Salzkammergut und Oberösterreich und reichte der Naab folgend weit über Regensburg hinaus nach Norden.

Bán: Bánovce nad Bebravou in der Slowakei, deutsch Banowitz.

Banat: Das Banat , serbisch-kyrillisch Банат, ungarisch Bánság ist die Region zwischen Donau, Theiß und Maros. Magister P. nennt sie Beguey. Selbst Tante Google, die sonst allwissende Müllhalde, ist ratlos. Ich vermute ein paar Lautverschiebungen und ein wenig Schlamperei beim Latinisieren und vielleicht sogar eine Vermischung mit der Batschka, die westlich der Theiß liegt. Es muss das Banat gemeint sein: Die begrenzenden Flüsse, die erwähnt werden, passen. Das Banat war ein Verwaltungsbezirk des Königreiches Ungarn.

Barancs, Burg: Vermutlich nahe bei Baranjsko Petrovo Selo im Nordosten Kroatiens, ein Ort, der heute für seinen Trachten bekannt ist.

Beckó: Beckov, Gemeinde in der Slowakei, deutsch Beckow.

Belgrad: Београд, heute Hauptstadt von Serbien. Vermutlich im 6. oder 5. vorchristlichen Jahrhundert von Thrakern und Skythen gegründet, wurde die Stadt von den Römern zur Garnison ausgebaut. Bis zum Avarensturm 625 war es eine Grenzfestung von Byzanz, verschwindet dann, um im 9. Jahrhundert als die Weiße Stadt der Bulgaren neu zu erstehen.

Beuldu: Böldirév, heute verschwunden. Ich vermute den Übergang aufgrund der Karte von Dr. Sándor Márty bei Csongrág

Bihor: Das historische Bihor in der Erzählung ist heute sehr wahrscheinlich das Dorf Biharia in Rumänien. Urkundlich erwähnt wurde es erstmals im Jahre 1067. Wie lange zuvor diese Burg existierte, ist unklar. Immerhin fand man mehrere Gräber von Pferden, was auf heidnische Riten schließen lässt. Zur Milleniumsfeier 1895 war man sich aber immerhin so sicher, dass hier das Bihor von Magister P. war, dass man dort ein großes vaterländisches Denkmal mit einem Turulvogel errichtete.

Bodony: Gemeint ist Widin, bulgarisch Видин, eine Stadt im Nordwestzipfel Bulgariens.

Bodrog, Burg: Die genaue Lage der Burg ist heute nicht bekannt. Diverse Wasserregulierungsmaßnahmen und die Zeit haben sie getilgt. Dr. Márki verzeichnet auf seiner Karte eine Burg Bodrog in der Gegend von Сомбор – Sombor in Serbien. Eine weitere Quelle vermutet sie auf dem Gebiet der Gemeinde Bački Monoštor (Бачки Моноштор) in Serbien und auch die serbische Wiki erwähnt, dass hier die Burg Bo-

208

drog stand. Dieser Ort lag im Nordteil der reichen, gleichnamigen Grafschaft im Königreich Ungarn, die sich grob von der Save an nördlich bis über die Donau hinaus erstreckte. Sicher ist nur, dass es sich nicht um das Bodrog handelt, das nordwestlich von Kaposvár liegt.

Bodrog: Der Bodrog ist einer der drei Hauptflüsse in der Ostslowakei und in Nordostungarn und mündet in die Theiß.

Borona Burg: Ich fürchte, inzwischen ist die Burg weitgehend vergessen. Laut Literatur findet sich noch ein Hinweis auf einer Karte des 14. Jahrhunderts, die ich aber nicht einsehen konnte. Es gibt einen Forscherstreit, ob sich diese Burg ein Stück nördlich von Nyitra befand und später von Tschechen erobert wurde. Im Zusammenhang mit dieser Stelle nehme ich an, dass eine Burg so weit im Norden nicht gemeint gewesen sein kann. Vielleicht gab es noch ein gleichnamiges Fort in Pannonien.

Boronás: Heute Brvnište, eine Gemeinde in der Nordwestslowakei.

Borsed Zulon, Burg: Vermutlich Zovlen in der Slowakei, auf Ungarisch Zólyom

Borsova: Heute Borša, ungarisch Borsi, in der Südostslowakei.

Borsufeste: Heute Tekovský Hrádok, ungarisch Barsvárad in der Slowakei.

Budafélhéviz: Siehe Félhéviz.

Budavár: deutsch Etzelburg, das römische Amphitheater, in nachrömischer Zeit zur Festung ausgebaut wurde. Teilweise aus zu einem befestigtem Dorf. Anonymus hält es für die Burg von König Attila. Heute nennt man das Burgviertel im I. Bezirk so, doch das entstand erst unter König Bela IV im 13. Jahrhundert.

Bükk-Gebirge: Gebirge östlich der Matra.

Bular, Land: Das Land Bular konnte ich nicht verorten.

Buldva: Heute das Flüsschen Bodva, an dem die Ortschaft Bolva liegt, beides nordwestlich von Miskolc gelegen.

Bulgarien: Siedlungsgebiet der bulgarischen Stämme, die zu den Ostslawen gerechnet werden. Sie beherrschten den Südosten des Balkans, gehören zum oströmischen Reich, sind aber weitgehend autonom.

Byzanz: Die große, reiche Oströmischen Reiches mit seiner Hauptstadt am Bosporus. Inzwischen aber militärisch schwach.

Caliga: Heute der Fluss Galga in Nordungarn. Er zählt zu den rechten Nebenflüssen des Zagyva und ist mit 65 km eher ein kleineres Gewässer.

Casu: Heute Kács in Nordungarn, im Bezirk Mezőkövesd.

Cleopatra, die Stadt der: Dvielleicht Ypati Die Stadt Cleopatras wirft Rätsel auf. Immerhin fand ich heraus, dass die ägyptische Königin in der arabischen Überlieferung ist weniger als ehrgeizige Machtpolitikerin dargestellt wird wie im Westen. Man sieht sie da als eine Königin, die vor allem die Künste gefördert und verschiedene Städte – auch fern von Ägypten – gegründet hat. Möglicherweise beruht darauf eine

209

Missdeutung der Stadt Neopatras, das heute Ypati heißt. Es könnte aber auch einfach ein Lesefehler oder eine Ungenauigkeit eines Kartografen gewesen sein.

Culpe: Heute der Fluss Kulpa, kroatisch Kupa, Kolpa auf slowenisch, ein Nebenfluss des Save in Kroatien und Slowenien. Vom Wald von Peturgoz aus nördlich gelegen.

Curtueltou: Teich bei Szér, heute verschwunden.

Dentumoger: Synonym für Skythien, also das Land nördlich des Schwarzen Meeres – und für seine Bewohner. Offenbar kennt nur Magister P. diesen Begriff. Allerdings suchte im 13. Jahrhundert Simon von Kéza, ein Dominikanermönch, in der alten Heimat der Ungarn – in Hungaria Maior, nördlich des Schwarzen Meeres – nach Resten des Volkes und berichtet von zwei Landstrichen in „Skythien": Dentia und Mogoria

Dnjepr: der Große Strom, schon in der Antike die Lebensader des Landes, das heute Ukraine heißt. Er entspringt in Russland, 200 Km westlich von Moskau und mündet in der Ukraine ins Schwarze Meer.

Donau: ungarisch Duna.

Dorogma: Heute Tizsadorogma. Es gibt auch heute noch ein Stück südlich der Ortes tagsüber eine Fährverbindung über die Theiß.

Drau: Ungarisch Drava.

Durazo: Durrës in Albanien, unweit von Tirana, italienisch Durazzo, griechisch Επίδαμνος Epídamnos, eine Hafenstadt an der Adria. In der spätantike noch byzantinisch, dann bulgarisch.

Eger: deutsch Erlau, Stadt und Fluss in Nordungarn.

Eiserne Tor, das: ungarisch Vaskapu-szoros, rumänisch Porţile de Fier; serbisch Ђердап, Đerdap. Es ist einer der großen Landschaftssensationen der großen Donaukreuzfahrten, der Donaudurchbruch durch die südlichen Karpaten einerseits und dem Banater Gebirge andererseits und markiert heute die Grenze von Serbien und Rumänien. Eine Engstelle von großer strategischer Bedeutung.

Emőd: eine ungarische Kleinstadt, 22 km von Miskolc entfernt.

Esküllő: Aşchileu in Rumänien, schon vor der Römerzeit besiedelt.

Etelköz: Skythenlande, Atelkuzu, Zweistromland, Zwischenstromland. Die genaue Lage ist umstritten, in jedem Fall lag es nordwestlich des Schwarzen Meeres und östlich der Karpaten. Womöglich reichte dieses Gebiet bis zur Wolga, laut der ungarischen Tradition aber eher bist zum Unterlauf des Don. Also entspricht es nach heutiger Geografie der südlichen Ukraine, der Republik Moldau und dem nordöstlichen Rumänien.

Ethyl: In den Turksprachen meint ätil/itil Fluss. Magister P. meint wohl die Wolga. Aber auch der Fon ist nicht völlig auszuschließen.

Etzelburg: Siehe Budavár

Ferteu: Im Zusammenhang mit den vorherigen Orten vermute ich die Burg Tata am Tatasee. Diese Burg ist aber möglicherweise etwas jün-

210

ger, als unser Magister es annimmt. Dass der Neusiedler See gemeint sein könnte, auf ungarisch Fertő, glaube ich nicht. Der ist zu weit westlich.

Felhévíz: Diese Siedlung fußt auf den Ruinen des alten römischen Heilbades aquae calidae superiores et inferiores. Es war wohl auch zur Zeit der Landnahme besiedelt. Die Quellen versorgen unter anderem das Szent-Lukács-Heilbad noch heute. Der Leser dieses Buches kann also am Rastplatz Árpáds seine müden Glieder baden.

Frankenreich: Entspricht etwa dem Norden Württembergs und Hessen

Frankreich: Gemeint wohl das Frankenreich, siehe dort.

Friaul: Eine Provinz im Nordostzipfel Italiens.

Galgóc: Hlohovec, Stadt in der Slowakei, deutsch Freistadt.

Galizien: Eine Gegend in der Grenzregion von Polen und der Ukraine.

Gallien: Gallien, hier der westliche Teil des Frankenreichs von Karl dem Großen, heute etwa Westfrankreich.

Garam: Ungarisch Garam, slowakisch Hron, deutsch Gran, ein Nebenfluss der Donau, heute komplett in der Slowakei. Er entspringt in der niederen Tatra und mündet nach fast 300 km gegenüber von Esztergom in die Donau. Bis in die Dreißigerjahre des letzten Jahrhunderts wurde Holz auf ihm geflößt.

Gemelsen: Wald bei Szér, heute verschwunden.

Griechenland: Hier ein Synonym für das byzantinische Reich.

Großmährische Reich: Ein Staat slawischer Stämme, ursprünglich im Gebiet der Slowakei. Es entstand im 9. Jahrhundert und war das erste Staatengebilde der Slaven. Die größte Ausdehnung hatte es wohl Mitte des 10. Jahrhunderts unter Svatopluk I. Seine Einflusszonen grenzten im Süden an das ostfränkische Reich und an das Herrschaftsgebiet der Bulgaren, im Westen an Bayern und Thüringen und im Osten an das Gebiet der Ruthenen.

Gumur, Burg: Heute Gemer in der Slowakei, auf ungarisch Sojágömör.

Gunselsdorf: Ein Stück südlich von Wien.

Győr: a) Heute Diósgyőr, Stadtteil von Miskolc. **b)** Stadt an der Raaba.

Gyoyg: Heute ist es Diósd ein Dorf südwestlich von Buda. Heute ist es ein Wallfahrtsort, denn der große Ungarnmissionar Gellért sah hier in seiner Vision seinen Märtyrertod voraus.

Hafen der Griechen: Görög-rév, ich konnte den Hafen nicht ausmachen. Auf Dr. Mártys Karte ist er ein Stück westlich von Titel eingetragen.

Halytsch: ukrainisch Галич, Stadt in Galizien am Rande der Karpaten, in der Ukraine.

Hangony: Heute eher ein Bach nahe der Stadt Ózd.

Havas, Wald von: wörtlich Schnee-Wald, Gebirgszug der Karpaten, östlich des Werecky-Passes, wo die Magyaren das Gebirge überquerten.

211

Hejő: Ein 44 km langes Flüsschen aus dem Bükkgebirge. Interessanterweise kann der Fluss im Oberlauf nicht zufrieren, da er teilweise von warmen Thermalquellen gespeist wird. Ein Stück östlich von Tiszatarján mündet er.

Hernád: Slowakisch Hernnád, deutsch Hernach, ein größerer Fluss mit 286 km. Der größere Teil des Flusses liegt in der Slowakei. Er entspringt in der niederen Tatra und mündet in die Sajó etwa 10 km, bevor diese selbst in die Theiß mündet.

Horom, Burg. auch Haram: Ein Donauübergang westlich von Belgrad. Die Burg Horom konnte ich nicht finden, wohl aber Hinweise darauf, dass es sie als Donauübergang gab. Dr. Márkis Karte verzeichnet sie am Nordufer der Donau ein Stück donauabwärts.

Humusover: Der Fluss wurde wohl wegreguliert worden.

Hundert Hügelgräber, Land der: siehe Százhalombatta.

Hymusudvor: Heute ist es die Stadt Tokaj. Die erwähnte Burg war nach 1450 Eigentum der Familie Hunyadi und wurde unter Matthias Corvinus zusammen mit der Stadt königliches Eigentum. 1705 ordnete Franz II. Rákóczi den Abriss der Burg an.

Iouz: Ich vermute, dass der Fluss Crişul Alb in Rumänien gemeint ist. Sonderbar, dass unser Magister ihn als Iousoz bezeichnet. Der Name Crişul Alb geht wohl auf die Römer zurück, die ihn „crisola" nannten. Immerhin liegt an diesem Fluss der rumänische Ort Iosaş, auf ungarisch Jószás.

Ipoly: Slowakisch Ipel', deutsch Eipel ist ein 232,5 km langer linker Nebenfluss der Donau. Er entspringt im slowakischen Erzgebirge und markiert heute im Unterlauf die Grenze zwischen der Slowakei und Ungarn. Nahe dem Donauknie mündet er in die Donau.

Kác: Lange nahm man an – wegen genau dieser Textstelle– dass die erwähnte Burg die selbe ist, die sich über Kács erhebt. Hier war auch das Kloster des Clans. Heute vermutet man, die Burg ist die heute zerstörte Erdburg im Gebiet Miskolc-Bükkalja nahe von Sály, weil dort wohl das Zentrum des Clans war.

Kaniza: heute Kanjiza in Serbien.

Karpaten: Hochgebirge, das mit verschiedenen Gebirgszügen die Ungarische Tiefebene umschließt.

Kaspisches Meer: Binnenmeer südlich des Ural. Es bildet ein Hindernis für die Siedlungsbewegungen der Völkerwanderung, bildet im Norden und Süden Engstellen und bringt so beim Umgehen wandernde Völker in Kontakt mit anderen Siedlern.

Kemej: Ein Landschaftsbezeichnung, die sich im Mittelalter verloren hat. Die Gegend lag links der Theiß von Tizafüred bis etwa Szolnok.

Keve, Burg: Kovin, serbisch-kyrillisch, rumänisch Cuvin, ungarisch Kevevára, deutsch Kubin oder Temeschkubin, eine Stadt nordwestlich von Belgrad in Serbien.

212

Kiew: Hauptstadt des Kiewer Ruz.

Kiewer Ruz: Slawisches Großreich zwischen Nowgorod und den Karpaten. Es etabliert sich im 10. Jahrhundert.

Komárom: Stadt an der Donau, nordwestlich von Tatabanya.

Konstantinopel: Damals noch Hauptstadt des byzantinischen Kaiserreiches und Schutzmacht des bulgarischen Reiches.

Korcán, Burg: Heute ein Ort ein Stück südlich von Budapest, Százhalombatta – Hundert Hügel, eine bronzezeitliche Metropole. Dort finden sich einige keltische Tumuli.

Kórógy: Wieder ein Wasserlauf, der wohl der Regulierung zum Opfer gefallen ist. Laut Dr. Sándor Mártyns Karte ein östlicher Zufluss der Theiss.

Kovin, Burg: Bei Magister P. Cuvin, heute Kovin, serbisch-kyrillisch, rumänisch Cuvin, ungarisch Kevevára, deutsch Kubin oder Temeschkubin, eine Stadt nordwestlich von Belgrad in Serbien.

Kreisch: ungarisch Körös, rumänisch Criş, Fluss in Rumänien.

Kuma: Kaukasischer Fluss.

Laborc: Der Fluss Laborec in der Slowakei, deutsch selten Labor[t]z; ungarisch Laborc.

Ladeus: Ein Theisshafen auf der Karte von Dr. Márty eingetragen. Ich konnte ihn auf modernen Karten nicht finden.

Lechfeld: Schlachtfeld der großen Niederlage 955 der Magyaren, die die Raubzüge beendete.

Lodomer: Heute Wolodymyr-Wolynskyj, in der nordwestlichen Ukraine.

Lombardei: Reiche italienische Provinz, teilweise alpin, zum Teil in der Poebene.

Lombardei: Sehr reiche Gegend in Oberitalien. Sie liegt zwischen dem Lago Maggiore, dem Po und dem Gardasee.

Loponsu: Diesen Wasserlauf bei Veszprém konnte ich nicht identifizieren.

Lothringen: Das Herzogtum lag etwa dort, wo heute das Elsass liegt, bis hinauf nach Trier und recht weit nach Frankreich hinein.

Lucj: Theisshafen.

Mád: Kleine, aber sehenswerte Gemeinde bei Szerncs.

Magna Hungaria: Eine zeitlang der Siedlungsraum der Magyaren, etwa im heutigen Baskirien.

Makedonien: Bei Magister P. ein Synonym für das Byzantinische Reich.

Marienkapelle, die weiße: Fehéregyháza, bei Óbuda.

Marken: Mittelitalienische Provinz, an der Adria.

Maros: deutsch Marosch oder Miresch, rumänisch Mureş, ein Fluss in Rumänien und Ungarn

213

Marosch: siehe Maros.

Matra: Gebirge im Nordbogen der Karpaten.

Meszes-Tor: Das Meszesi-Tor oder die Meszesi-Straße, rumänisch Porta Meseşului, übersetzt „Honig"-Tor ist der wichtigste Pass von Transsilvanien, der das Land zur Tiefebene hin erschließt. Das ist ein schmales Tal im Meszes-Gebirge, Rumänien, in Siebenbürgen, etwa 3,5 km östlich von Zilah und etwa 10,5 km lang bis zum Ring. Die Bedeutung der Meszesi-Straße lässt sich daran messen, dass jahrhundertelang die einzige Landstraße, die Siebenbürgen mit Ungarn verband, durch dieses Tal des Meszes-Gebirges zwischen den beiden Ländern führte.

Moger, Hafen: Ein Donauübergang vermutlich am Nordende der Margaretheninsel in Budapest.

Mongolei: Steppengebiete in Zentralasien. Von hier und den angrenzenden Randgebieten brechen immer wieder Völker nach Westen auf.

Mont Cenis: auf italienisch Moncenisio, ein Bergmassiv der Französischen Alpen an der Grenze zu Italien.

Morva: Tschechisch und slowakisch Morava, deutsch March.

Moson, Sumpf von: Moson ist seit 1939 ein Teil der Stadt Mosonmayarovar, zwischen Sopron und Győr.

Muncács: Heute Mukatschewo in der Westukraine.

Mur: Die Mur, slowenisch, kroatisch und ungarisch Mura, ist ein Fluss, der durch Österreich, Slowenien, Kroatien und Ungarn fließt.

Nándorfehérvár: Siehe Belgrad.

Naragy: Dieser Fluss existiert heute nicht mehr. Ich vermute, er ist im Kács-Kanal aufgegangen.

Nógrád: Nógrád, in Nordungarn, zu deutsch Neuburg.

Novgorod: Ursprünglich ein Handelsposten der Wikinger wurde es zur Keimzelle eines ruthenischen Reiches das sich im 10. Jahrhundert nach Süden ausbreitete und zum Kiewer Ruz wurde.

Nyitra: a) Heute Nitra in der Slowakei, zu deutsch Neutra. b) gleichnamiger Fluss dort.

Nyr: Gemeint ist die Landschaft der nordöstlichen Puszta, auf Ungarisch Nyírség. Das Land liegt etwas höher als die übrige Tiefebene und ist so für Überschwemmungen weniger anfällig. Der tiefe Lößboden macht es zudem sehr fruchtbar. Menschen siedelten hier wohl schon vor 10.000 Jahren, größere Siedlungen kann man seit der Zeit der Landnahme nachweisen. Im Laufe der Zeit wurde diese Gegend immer wieder entvölkert und neu besiedelt.

Óbuda: Altofen, Stadtteil im Norden Budapests, am Westufer der Donau.

Olpár: Heute ist es ein größeres Dorf – Tiszaalpár, auf dem Westufer der Theiß. Es ist seit der Antike durchgängig besiedelt. Hier war wohl die Burg und Residenz von Fürst Salan. Warum gerade die Kräuter aus der sandigen Erde Olpárs so gerühmt werden, weiß ich nicht. Doch ist der

Boden dort allgemein sandig und war damals dank der regelmäßigen Theißhochwasser sehr fruchtbar. Noch heute gilt er als hervorragender Acker- und Gartengrund ... ebenso wie auch andernorts entlang der Theiß. Ich nehme an, dass es wohl eher ganz allgemein um den Boden von Salans Heimat geht als um genau diesen Ort. Er wird wohl nur genannt, weil er dort residiert. Andererseits wird vielleicht gerade die Fruchtbarkeit dieses Ortes bei der Wahl der Residenz wichtig gewesen sein.

Omsó: Dank der 1879 gegründeten die Regulierungsgesellschaft Nyírvíz gibt es diesen Fluss nicht mehr.

Orsova, Burg: Orşova, deutsch Orschowa oder Orsowa, ungarisch Orsova, kroatisch und serbisch Rušavaist eine Stadt im rumänischen Kreis Mehedinţi. Einstück donauabwärts von Belgrad. Seit der Steinzeit bewohnt, später ein römisches Kastell und auch die Magyaren sind für das 10. Jahrhundert archäologisch nachgewiesen.

Ostoros: Ein Bach, südöstlich von Eger.

Padua: Stadt in der gleichnamigen Provinz Italiens, in Nachbarschaft der Lombardei. Magister P. nimmt es hier nicht so genau und schlägt den Ort der Lombardei einfach zu.

Pakozo, Berg: Pákozd, ein Dorf 11 km nordöstlich von Székesfehérvár. Seit der Steinzeit kontinuierlich besiedelt finden sich hier wichtige antike und mittelalterliche archäologische Stätten. Zwei siegreiche Schlachten wurden hier geschlagen: 1593 gegen die Türken und eine im Unabhängigkeitskrieges 1848–1849. Heute befindet sich dort ein Aussichtsturm.

Pannonien: Dies meint heute das westliche Ungarn. Die Gegend war je nach den Wechselfällen der Geschichte mal größer und kleiner und wechselte auch die Herrscher. Ursprünglich waren es die beiden römischen Provinzen pannonia superior und inferior.

Pásztó: Stadt im Kreis Nógrád. Der Ort ist zwar seit der Antike besiedelt, der Name könnte aber auf ein altiranisches Wort für Lager zurückgehen. Da die Ungarn vor der Landnahme mit Iranern Umgang hatten und kultureller Austausch nachgewiesen wurde, könnte die Bezeichnung von den Magyaren stammen.

Pest, Burg: Vermutlich die Erdburg auf den Ruinen des römischen Contraaquincum, auf dem östlichen Donauufer.

Peturgoz, Wald von: Ich vermute, gemeint ist die Gegend um den Nationalpark Plitvicer Seen. Der Wald ist in etwa dort bei Dr. Márty auf seiner Karte eingetragen.

Peytu: Laut einer Karte ein Stück nördlich von Vesprém.

Phillips, die Burg: Philippopolis, heute Plovdiv.

Plattensee: Balaton.

Plitwitzer Seen sind heute der größte Nationalpark Kroatiens und auch der älteste Nationalpark in Südosteuropa. Er befindet sich im hügeligen Karstgebiet Mittelkroatiens, dicht an der Grenze zu Bosnien und

Herzegowina. Man kann die Magyaren verstehen, dass sie sich diese reizvolle Landschaft ansehen wollten. Viele Touristen machen es heute noch. Es ist eines der beliebtesten Ziele der Kroatienurlauber, nicht zuletzt, weil man hier einen Großteil der Karl-May-Filme drehte.

Polen: Zur Zeit der Landnahme gibt es noch kein „Polen". Als unser Magister lebte, hatte sich aber aus den verschiedenen slawischen Stämmen im Norden Ungarns unter der Führung der Polonen das Herzogtum Polen gebildet. Auch hier verwendet unser Chronist anachronistisch einen Begriff seiner politischen Gegenwart.

Ponjavica, Fluss: Hier bin ich mir mit der Verortung nicht sicher. Am ehesten war der Fluss oder Bach wohl dort, wo heute die Teiche des Landschaftsschutzgebietes Ponjavica sind: Nordöstlich von Belgrad.

Poroszló, Burg: Heute ein Städtchen am Theißstausee

Poroszló: Laut Magister P. eine Burg. Heute ein Ort am Theiss-Stausee

Pozsega: Pozsega , kroatisch Požega, slavonisch Požega, lateinisch Posega, deutsch Poschegg, eine Stadt in der im Osten Kroatiens in der Region Slawonien.

Pressburg: Ungarisch Pozsony, Slowakisch Bratislava, die Hauptstadt der Slowakei, an der Donau gelegen.

Pute-Feld an den Salzgruben: Ich fand in der Literatur die Vermutung, es könnte Sóskút gemeint sein, ein Örtchen südwestlich von Budapest, aber leider ohne Begründung, wieso. Mineralienreiches Wasser ist aber in dieser Gegend sehr häufig zu finden. Eine andere Quelle vermutet diese Felder nördlich des Venediger Sees, etwa bei Tatabánya also weiter westlich. Letztlich kann ich sie nicht verorten.

Raab und Rednitz: Im Original *ad Rabam et Rabuceam,* die Raab – Rába – ist ein größerer Fluss und mündet bei Györ in die Donau. Das andere ist die Rednitz (auch Rabnitz) – Rábca. Sie mündet in Györ.

Rákus, ein winziger Fluss, der in den Gödölö-Bergen entspringt und heute den See im Város-Liget in Budapest mit Wasser versorgt. Seine Mündung liegt heute, nach vielen Wasserregulierungsmaßnamen, rund 300 Meter nördlich der Margaretheninsel, auf der pester Donauseite. Vermutlich lag sie damals nicht genau dort, aber wohl in der Nähe.

Raszien: Ungarisch Rác, serbisch Рашка Raška, lateinisch Rascia. Im Original steht terram Racy (Akk locativus). Magister P. meint wohl das Gebiet von Serbien und Montenegro.

Ruthenien: Land der Ruthenen, die später zu den Russen werden.

Sabaria: Magister P. meint wohl Pannonhalma, das älteste Benediktinerkloster in Ungarn. In diesem Ort wurde der Legende nach der Heiligen Martin geboren. Allerdings hieß in der Spätantike auch Szombathely im Südwesten Ungarns genauso und reklamiert diese Ehre ebenfalls. Mit Abzug der Römer wurde auch diese Siedlung südlich von Györ aufgegeben. Erst Großfürst Geza gründet das 996 Kloster. König Stefan erhob es zur Erzabtei. Es ist eine Art Nationaldenkmal des christlichen Ungarns. Kein Wunder, dass unser Magister seinen Helden Ár-

216

pád damit in Verbindung bringen wollte. Das Kloster und die angeschlossene Eliteschule ist sicher einen Besuch wert und ebenso die Klosterweinbar „viator", die einen Architekturpreis gewann.

Sachsen: Hier gemeint eher das Gebiet von Niedersachsen.

Sajó: Ungarn Sajó, slowakisch Slaná, deutsch Salzach oder Salz ist ein Fluss in der mittleren Slowakei und im nordöstlichen Ungarn.

Saru: Heute der Sárvíz, ein Flüsschen, das durch die Initiative des 1819 gegründeten „Sárvíz Társulat", dem erste Wasserregulierungsverein des Landes, weitgehend entwässert und zur Bedeutungslosigkeit verdammt. Zuvor war der Fluss schiffbar und schon in der Römerzeit als Verkehrsweg bedeutend. Der Flusshafen in Gorsium-Herculia bei Tác legt deutliches Zeugnis davon ab. Gorsium war damals auch wegen des Flusses eine wirtschaftliche, militärische und auch sakrale Metropole dieser Provinz. Die Ruinen von Gorsium kann man besichtigen, der Besuch ist lohnend.

Saruvar: Mártyn Radi vermutet den Ort als Sárvár im Westen von Szatmár-Németi. Ich konnte den Ort leider nicht finden. Sicher ist es nicht die Stadt Sárvár in Westungarn.

Sárvár: Auf der Karte von Dr. Marci nördlich Borónas eingetragen. Ich konnte aber nichts finden.

Satorholmu: Heute Sátoraljaújhely, auf deutsch Neustadt am Zeltberg, eine Stadt im Nordosten Ungarns an der Grenze zur Slowakei. Der Ort wurde zur Zeit der Landnahme gegründet.

Save: Die Save, auch Sau oder Sawe, ungarisch Sava, in den südslawischen Sprachen Sava, serbisch-kyrillisch Сава, lateinisch Savus. Der größte Fluss Sloweniens und Kroatiens.

Scereducy, Burg: Vermutlich heute Seregháza, ehemals Szerdicsa, slowenisch Serdica, prekmurisch Serdiča, deutsch Saldinhof, ist ein Dorf in der Region Mur in Slowenien.

Schwarzes Meer: Randmeer des Mittelmeers im Osten Europas.

Sempte: Šintava in der Slowakei, deutsch Schintau.

Serdica: Das heutige Sofia in Bulgarien.

Skythenlande: Siehe Etelköz.

Soroksár: Im Original „surcusar", ist heute ein Teil von Budapest, der XXIII. Bezirk, auf dem Ostufer, auf Höhe des Csepel gelegen. Die sich dort befindende Siedlung wurde in den Türkenkriegen zerstört. Ab 1724 wurden dort Deutsche angesiedelt. Im Zuge des Aufschwungs Budapest wurde auch das Dorf groß und für die Stadtversorgung bedeutend. Als Budapest wuchs, wurde es eingemeindet.

Sóvár, im Kreis Sájos gelegen, heute Solivar in der Slowakei. Der Fluss, zu deutsch „Salzach", führt in allen Sprachen das Salz im Namen. Salz war ein sehr begehrtes (und hoch besteuertes) Handelgut. Das erwähnte „Salzschloss" war vermutlich eine Art Zollstelle dort.

Split: In Kroatien.

St. Gallen: Kloster in der Schweiz, Kulturzentrum im Allemannenreich. Von den Ungarn im Jahre 926.

St. Martinsberg: Siehe Sabaria.

Surungrad: Heute Csongrád.

Susa: Susa im Piemont.

Suzdal: Stadt in Russland.

Szabolc: Dieses Dorf im gleichnamigen Bezirk ist eine der ältesten greifbaren Siedlungen der Magyaren. Laut Magister P. gab Sabolc dem Gebiet seinen Namen. Möglicherweise wurde auch der Held durch unseren Chronisten nach einem schon bestehenden Ort benannt. Der Ort wurde 1241-42 nach dem Mongolensturm aufgegeben. Das Komitat bestand weiter. Inzwischen ist es in einer Gebietsreform mit anderen Landesteilen zusammengelegt worden und liegt im Grenzgebiet zur Ukraine und Rumänien im äußersten Nordosten von Ungarn.

Szabolcsi földvár: Szabolcs-Feste, eine Erdburg in unmittelbarer Nähe des gleichnamigen Dorfes. Ursprünglich wurde Burg zwischen zwei Theißarmen und einem Graben als Wasserburg geplant. Ausgrabungen datieren sie um das Jahr 950, also etwas früher als die Landnahme. Sie könnte aber dennoch eine der führenden Unterkünfte eines der ungarischen Stämme gewesen sein. Laut Anonymus wurde es von Szabolcs gebaut. Die Fläche der Anlage beträgt mehr als drei Hektar.

Samosch: Der Samosch, rumänisch Someş, ungarisch Szamos, fließt heute in Rumänien und Ungarn. Mit etwa 418 Kilometer ist er einer der größeren Flüsse dort.

Szarvashalom: Heute Szarvas in Südostungarn.

Szatmár: Heute Satu Mare, Rumänien.

Százhalombatta: Heute ein Ort, ein Stück südlich von Budapest, Százhalombatta – Hundert Hügel. Dort finden sich einige keltische Tumuli.

Szeghalom: Ein Ort in der ungarischen Tiefebene, etwa auf knapp halber Strecke zwischen Debrecen und Szeged.

Szér: Der Ort wird als Ópusztaszer identifiziert. Die Namensgebung ist weniger glaubhaft. Doch dass Ond dieses Land zugesprochen bekam, dürfte richtig sein. Es ist das Stammland des aus seiner Familie hervorgegangenen Bar-Kalan-Clan, der hier ein bedeutendes Kloster gründete. Einen Teich dort konnte ich nicht mehr finden. Heute ist dort ein sehenswertes Freilichtmuseum mit dem berühmten „Feszty-Panorama". Ein Besuch ist sehr lohnend.

Szerencs: deutsch: Serentsch, eine Stadt östlich von Miskolc. Sie wird auch als Tor zur Tokaj-Hegyalja bezeichnet, dem Tokai-Untergebirge.

Szerep: Szerep ist ein Dorf in Ungarn im Kreis Hajdú-Bihar.

Szombothely: Siehe auch Sabaria

Tállya: Ort bei Szerencs.

Tapolca, Fluss: Heute nicht mehr auffindbar, vermutlich bei Miskolc.

Tarras: Ungarisch Tiszatarrós ,serbisch Тараш / Taraš, ein Ort im serbischen Teil des Banat am linken Theißufer. Es ist vermutlich einer der ältesten Orte der Grafschaft.

Tatra: slowakisch und polnisch Tatry, ungarisch Tatra, ein Gebirgskomplexe in den Karpaten. Zwei Drittel des Gebietes der Tatra liegen heute in der Slowakei und ein Drittel in Polen.

Tekereu: Wohl ein Zufluss der Kreisch. Ich konnte ihn nicht finden.

Temesch: Temes, rumänisch Timiș, serbisch Тамиш oder Tamiš, deutsch Temesch. Nebenfluss der Donau, entspringt in Rumänien und mündet bei Belgrad in Serbien in die Donau.

Tetel: Serbisch Тител, Stadt in Serbien, deutsch Titel oder Theisshügel, lateinisch Titulium. Liegt ein Stück flussabwärts des Zusammenflusses von Donau und Theiss.

Tetel: Тител, Stadt in Serbien, deutsch Titel oder Theißhügel, lateinisch Titulium. Liegt ein Stück flussabwärts des Zusammenflusses von Donau und Theiß.

Tetvetlen: Möglicherweise heute Törtel, ein wenig nördlich von Alpár.

Theiss: ung. Tisza, der andere große Wasserlauf in Ungarn. Das Land „zwischen Donau und Theiß" wird der Kern Ungarns gesehen.

Thüringen: Gemeint ist der südliche Teil der Ostmark des Salierreiches, etwa das Gebiet der Bundesländer Thüringen und Sachsen sowie südliche Teile von Sachsen-Anhalt.

Tihany: Die Halbinsel im Plattensee war zwar schon seit der Bronzezeit durchgängig bewohnt, aber eher von untergeordneter Bedeutung gewesen. Die Römer hatten hier immerhin eine Grenzstation. Erst im 11. Jahrhundert wurde die Abtei gegründet und von König Andreas I. als Grablege bestimmt. Später, in den Türkenkriegen, wurde sie zu einer Burg ausgebaut. Eine Wallanlage quer über den flaschenhalsartigen Zugang machte die Halbinsel zu einem Rückzugsort.

Törszök-Wald: Die Karte von Dr. Marki verzeichnet östlich des Flusses Zsitva und westlich der Garam den Törszök-Erdö, also den Törszök-Wald. Heute sind nur mehr kümmerliche Reste zu finden.

Törtel, Berg von: Heute beim Ort Törtel, ein wenig nördlich von Alpár. Dort ist es auf der Karte von Dr. Marci eingetragen. Hier ist wohl eine kleine Erhebung in der Puszta.

Tosu-Markt, Tas-Markt: leider konnte ich den Ort nicht mehr finden.

Transsilvanien: Unser Magister P. schreibt von „terra ultrasilvana" und benutzt die Lateinische Version des Ungarischen Namens dieses Landes: „Erdőelü" (Hinter dem Wald). Gemeint ist das Land im Bogen der Karpaten. „hinter dem Wald meint vor allem hinter dem Apuseni-Gebirge, einem Teil der Westkarpaten, das das Siebenbürger Becken von der Tiefebene trennt. Ich benenne es mit bei uns geläufigeren Begriff Transsilvanien. Gemeint ist das Gebiet, das wir als Siebenbürgen kennen. Ich verzichte aber auf diese Bezeichnung, da er erst später mit den sieben großen Stadtgründungen durch die Siebenbürger Sachsen entsteht. Wie immer man das Land hinter dem Wald nennen mag, dieser Teil Ungarns wird in der wechselvollen Geschichte wichtig bleiben und schaffte es über weite Strecken, manchmal auf schlingerndem Kurs zwischen Osmanischem Reich und den Habsburgern weitgehend unabhängig zu bleiben.

Trencsén: Trenčín in der Slowakei, deutsch Trentschin auch Trenczin, lateinisch Laugaricio in der Antike beziehungsweise Trentsinium ab dem Mittelalter, ein Zentrum des mittleren Waagtals.

Tucota: Heute der Bach Takta östlich von Miskolc. Es entspringt im südlichen Teil des Zemplén-Gebirges und mündet in den Sajó.

Tulsuoa: Ein ungarisches Flüsschen, heute Tolcsva-Patakró.

Túr: deutsch Tur, rumänisch Râul Tur ist ein linker Nebenfluss der Theiß in Rumänien und Ungarn. Mit etwa 90 km ist er ein kleinerer Fluss dieser Gegend.

Turmas, Flüsschen: Leider konnte ich keine entsprechende Flussmündung in der Nitra finden. Vermutlich ist auch hier das Gewässersystem reguliert worden.

Turobag, Wald von: Der Wald von Turubag ist wohl in unmittelbarer Nähe von Törokbalint zu vermuten, dem Städtchen westlich von Budapest an der Autobahn, Das war im Mittelalter eine Siedlung von Schwaben und hieß Turobag, auch Torobagy oder auf deutsch – Großturwall, Erst später wurde es nach dem Herr der Ländereien Balint Török benannt, einem Feldherr der Türkenkriege. Heute ist der Wald einem Vorort von Budapest gewichen, direkt an der M1, der Autobahn von Wien zur Ungarischen Landeshauptstadt.

Tursoc-Wald: Vermutlich östlich den Flusses Zsitva.

Turtur: Siehe Tatra.

Turzol: Heute der Kopasz-Hügel im Tokaji-Gebirge. Ein Berg aus Vulkan- und Sedimentgestein. Nicht nur geologisch interessant, sondern auch landschaftlich schön. An seinen Hängen befindet sich eine Ski-Piste. Das Dorf Tarcal liegt an seinem Fuß.

Ugocsa: Region, später Verwaltungsbezirk an der oberen Theiss, heute im nördlichen Rumänien und in der westlichen Ukraine.

Ung (Burg): Die Burg Ung, wohl jenseits des Verecke-Passes die erste nennenswerte Grenzfestung Pannoniens, denen die Ungarn begegneten. Heute Uschhorod in der Ukraine.

Ungarn: Hungaria, Ungern, Hungarien.

Ural, russisch Урал: Ein rund 2200 km langes Gebirge in Nord-Süd-Richtung, das einen Teil der asiatisch-europäischen Grenze und im Sinne der Völkerwanderung ein Verkehrshindernis darstellt.

Valkó: Vukovar ['ʋukɔʋaːr] (serbisch-kyrillisch Вуковар, ungarisch Vukovár, deutsch Wukowar) ist eine Stadt im Osten Kroatiens.

220

Várod: Erdburg bei Nitriansky Hrádok in der Slowakei, auf Ungarisch Kisvárad.

Vasvár: Die Stadt Vasvár, deutsch Eisenburg, slowenisch Železnograd, im Komitat Vas, knapp 40 km nordwestlich vom Plattensee.

Vercelli: Vermutlich Vercelli im Piemont.

Vereucea, Fluss: Fluss, heute vermutlich im Baia-Kanal aufgegangen.

Verőce: Ich fand nur den Ort Verőce, deutsch Werowitz, slowakisch Verovce, ein Dorf im Komitat Pest am Donauknie. Es liegt an einem Bach namens Morgó. Ob der gemeint ist?

Verecke-Pass: Pass im nördlichen Bogen der Karpaten, heute Werezkyj-Pass oder lateinisch Porta Rusciae. Er liegt unweit von Schupany in der Ukraine 841 m über NN.

Vertus-Wald: Wo genau dieser Wald lag, konnte ich nicht ausmachen. Ich vermute ihn aber rund um Tatabánya. Magister P. leitet wohl das Wort vom ungarischen Wort „vért" ab, das Harnisch bedeutet. Wobei *clippeus*, das Wort, das er benutzt, eigentlich der römische Rundschild ist. Die Stelle ist also nicht ganz stimmig. Wir können aber vermuten, dass sich Fliehenden nach den Schilden auch von anderen Rüstungsteilen trennten. Auch ungarische Chroniken des 14. Jahrhunderts berichten von solch einer Episode, bringen sie aber mit einer Schlacht in Verbindung, die erst 1051 stattfand. Hat hier Magister P. seinen Helden mit fremden Federn geschmückt? Es ist beinahe anzunehmen. Immerhin liegt heute südlich von Tatabanya das Vértes-Gebirge mit dem Ort Vértessomló und nördlich die Orte Vértesszőlős und Vértestolna.

Vesprém: Wichtige Stadt nördlich vom Ostende des Plattensees.

Waag: ung. Vág. Die Waag slowakisch Váh, ungarisch Vág, polnisch Wag, der längste Fluss der Slowakei und der drittlängste des Karpatenbeckens.

Wazil, Pforte / Tor von: Siehe eisernes Tor.

Weihwald: Magister P. nennt ihn silva igfon und meint das Gebiet, das heute als Réz-hegység bekannt ist. Früher hieß es Igfan-erdő. Das Réz-hegység, deutsch Kupfergebirge, rumänisch Munții Plopiș. Es liegt im nordwestlichen Teil des Siebenbürgischen Gebirges, Der alte Name geht auf das altertümliches Wort „egyfan" zurück, das eine heilige Wildnis bezeichnet. Ich erlaube mir der Einfachheit halber vom „Weihwald" zu reden, was die Sache wohl recht gut trifft. Müsste ich das Werk ins Englische übersetzen, wäre ich versucht, „Hollywood" zu schreiben.

Weihwaldlande: Gegend um den Weihwald, siehe dort.

Ygfon, Wald: Ungarische Legenden wissen diesen Wald in der Nähe von dem rumänischen Ort Suncuius, auf Ungarisch Vársonkolyos.

Zagyva: Nebenfluß der Theiss in Nordungarn aus der westlichen Mátra bei Nyitra. Es ist der längste Fluss, der in seinen kompletten Lauf in Ungarn hat. Angler schätzen ihn als gutes Fischgewässer.

221

Zarand: Heute Zărand, deutsch Sarand, ungarisch Zaránd, ein Landkreis in Rumänien.

Zecuseu: Es könnte Szekcső sein. Die Laute sind ähnlich und wenn es das ist, dann machte Magister P. ein flaues Wortspiel mit „szék", dem ungarischen Wort für Stuhl.

Zemlin: Sehr wahrscheinlich Zemplín in der Slowakei, ungarisch Zemplén, deutsch Semplin, ukrainisch Zemno. Eine schon vorgeschichtliche Siedlung.

Zenuholmu: Heute Szihalo, Hügel bei Eger.

Zepus, Wald von: Landkreis um das Slowakische Spiš, im Grenzgebiet von Ungarn, Polen und der Slovakei.

Zerep, Sumpf von: Vermutlich bei Szerep.

Zilocs: Heute auf Ungarisch: Zilah, Zalău auf Rumänisch, Zillenmarkt auf deutsch, ehemals Waltenberg.

Zogea: Heute heißt der Fluss Zagyva.

Zoloncaman: Heute Novi Slankamen (Нови Сланкамен) in Serbien, einen Katzensprung flussabwärts der Mündung der Theiß in die Donau.

Zoua: Fluss, vermutlich in Kroatien, ich konnte ihn nicht finden

Zsitva: Die Žitava, ungarisch Zsitva, ein Fluss in der Südslowakei. Er ist etwa 65 km lang. Sein Name bedeutet Weizenfluss.

Zuburberg: Berg bei Nyitra.

Zulon, Wald von: Diesen Wald konnte ich leider nicht ausmachen, aber die Stadt und die Burg von Zovlen, auf Ungarisch Zólyom (in der Slowakei. Dort ist der Wald wohl zu vermuten.)

222

Quellen

Der Originaltext, den ich übersetzt habe, wurde von Ladislaus Juház 1932 in Szeged herausgegeben. Ich habe ihn hier gefunden:

https://mek.oszk.hu/19800/19808/19808.pdf

Eine wichtige Quelle, auch um meine Übersetzung gegen blühenden Unsinn abzusichern, vor allem aber für Infos in den vielen Fußnoten war Martyn Rady:

THE GESTA HUNGARORUM OF ANONYMUS,
THE ANONYMOUS NOTARY OF KING BÉLA.

https://web.archive.org/web/20110609152157/http://
eprints.ucl.ac.uk/18975/1/18975.pdf

Auch mit der bemerkenswert detaillierte Karte von Dr. Sándor Márty zu diesem Buch habe ich gearbeitet.

https://upload.wikimedia.org/wikipedia/
commons/6/6d/Gesta_hungarorum_map.jpg

Diese Hauptquellen fanden sich im deutschen Wikipedia-Artikel über das Werk. Der bessere englische Wikipedia-Artikel war in vielfacher Hinsicht ebenfalls ein guter Einstieg. Daneben fand ich im ganzen Netz viele kleine Wissensplitter und wurde an vielen Stellen fündig.

Besonders bei der Suche nach Orten war die ungarische Wikipedia sehr hilfreich, auch wenn ich sie wie auch das rumänische Schwesterprojekt nur mithilfe eines Übersetzungsprogramms nutzen konnte.

Ziemlich alles aber wurde von mir aber mehrfach gegengecheckt. Ach ja, das eine oder andere wusste ich sogar selbst oder kannte es aus eigener Anschauung.

Bildnachweise:

Titelbild:
Ausschnitt aus dem Panoramagemälde von Sándor Feszty, gemeinfrei, gefunden auf wikimedia.org

Bilder im Text:
Anonymus: Aufnahme von Frigyes Schoch, gemeinfrei, da Herr Schoch 1924 starb, gefunden auf wikimedia.org
vor Kommentaren: Ausschnitte aus dem Panorgemälde von Sándor Feszty, siehe oben
am Ende der Kapitel: Silberplakette aus dem 10. Jahrhundert, Ungarisch. Sie zeigt einen Turul-Vogel. Die Aufnahme stammt von Wikipediauser Kozuch und ist frei nach CC.
Gefunden auf Wikimedia Commons.
Das Original ist im Nationalmuseum von Prag zu bewundern.

Karten:
Die große, vierteilige Karte stammt von Mikael Ferenc, dem ich herzlich danke.
Die Eintragungen habe ich vorgenommen.
Das Foto der Silberplakette darauf ist das selbe, wie am Ende der Kapitel. Siehe dort.
Die Karte zur Wanderung und **die Karte zur historischen Landnahme** habe ich selbst erstellt, mit Hilfe eines Ausschnitts der Europakarte von Pixabayuser Mapswire. Diese Karte ist frei nach CC0, gefunden habe ich sie auf Pixabay.

Karten

Ich bin kein großer Kartograph, doch in einem Buch wie diesem halte ich Kartenmaterial für unabdingbar. Alles, was ich selbst versuchte, war in meinen Augen nicht gut genug. Dann aber lernte ich im Netz zufällig Ferenc Mikael Manson kennen. Der überaus begabte Künstler für Fantasykarten in Schweden entpuppte sich als sympathischer Autorenkollege.

Auf seiner Website – www.mikaelsmaps.com – sah eine Arbeitsprobe, die mich sofort voll überzeugt hat. Ich schrieb ihm und es traf sich, dass er eine halbfertige Karte noch auf der Festplatte hatte, die genau diesen Ausschnitt des Karpatenbeckens zeigt. Sie sollte ein Geschenk für seinen Vater werden, der wie meiner Exil-Ungar war. Leider erkrankte der Vater schwer und erlebte die Vollendung der Karte nicht mehr. So hatte Ference Manson das Projekt traurig ad acta gelegt. Doch die Chance sie zu diesem Buch beizusteuern... ich spürte, er war begeistert.

Bald arbeitete er wieder mit Freude daran, während mein Buch gedieh. Inzwischen ist die nun Karte fertig, und sie ist wunderschön. Wenn ich sie betrachte, freue ich mich immer wieder an ihr und denke stets dankbar auch an den Vater meines Freundes in Schweden, den ich leider nicht mehr kennenlernen konnte.

Kära Ferenc, tack så mycket för din insats,

din

Alexander

225

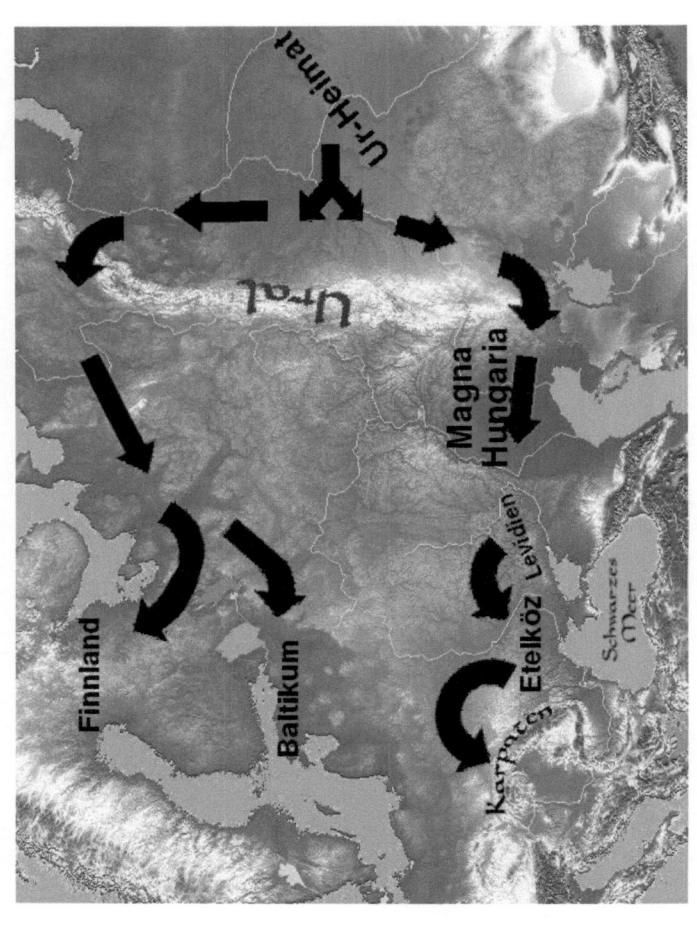

Die Wanderungen der finno-ugrischen Stämme

Die historische Landnahme

- 894 engagiert Byzanz die Magyaren gegen die Bulgaren und gleichzeitig mieten die Ostfranken sie gegen das Groß-mährische Reich. Die Magyaren rücken mit zwei Heeren aus dem Etelköz aus.
- 894/895 greifen die Petschegenen die restlichen Magyaren im Etelköz an – im Auftrag der Bulgaren. Die weitgehend wehrlosen Magyaren fliehen hinter die Karpaten.
- Die abgeschnittenen Heere ziehen ebenfalls dorthin und vereinigen sich mit den anderen und sie lassen sich dort nieder.

Die historische Landnahme

227

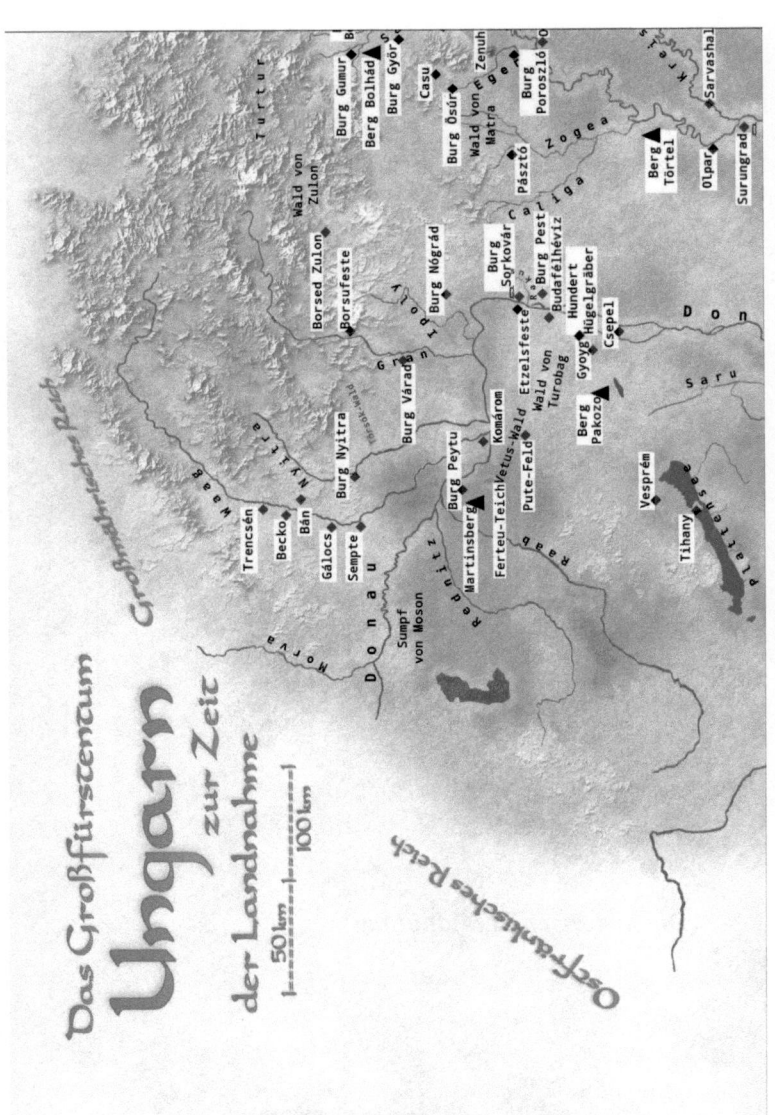

Das Großfürstentum **Ungarn** zur Zeit der Landnahme

50 km
100 km

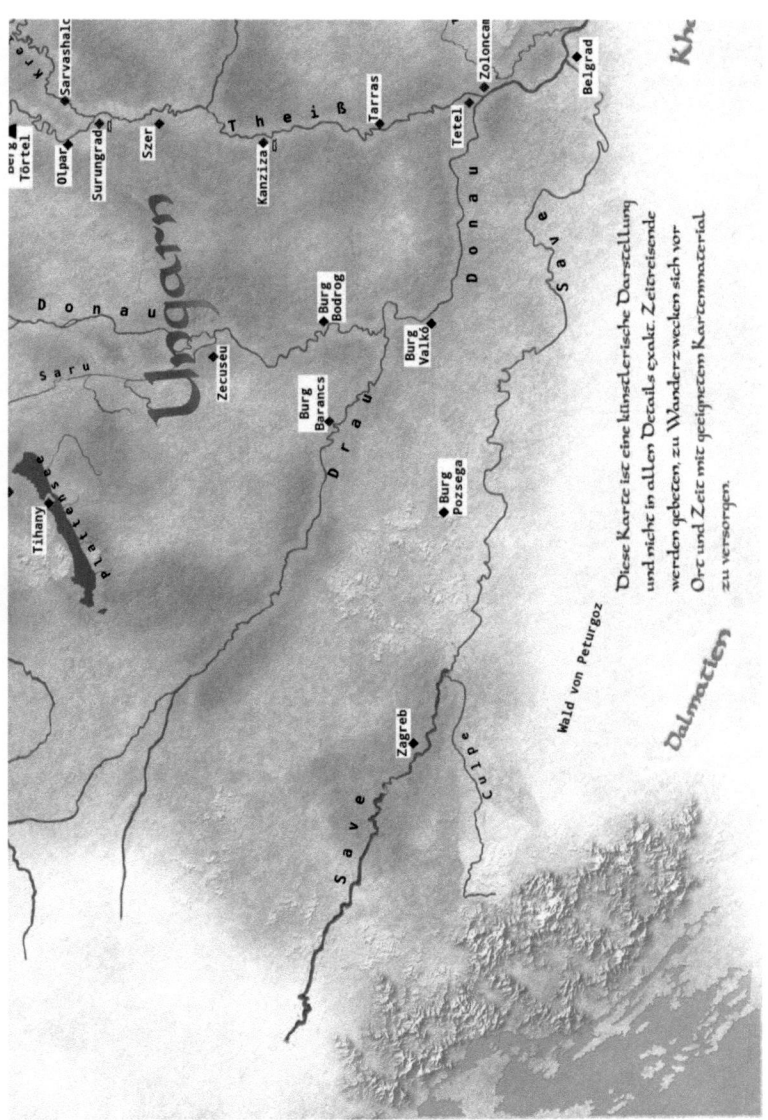

Diese Karte ist eine künstlerische Darstellung und nicht in allen Details exakt. Zeitreisende werden gebeten, zu Wanderz wecken sich vor Ort und Zeit mit geeignetem Kartenmaterial zu versorgen.

229

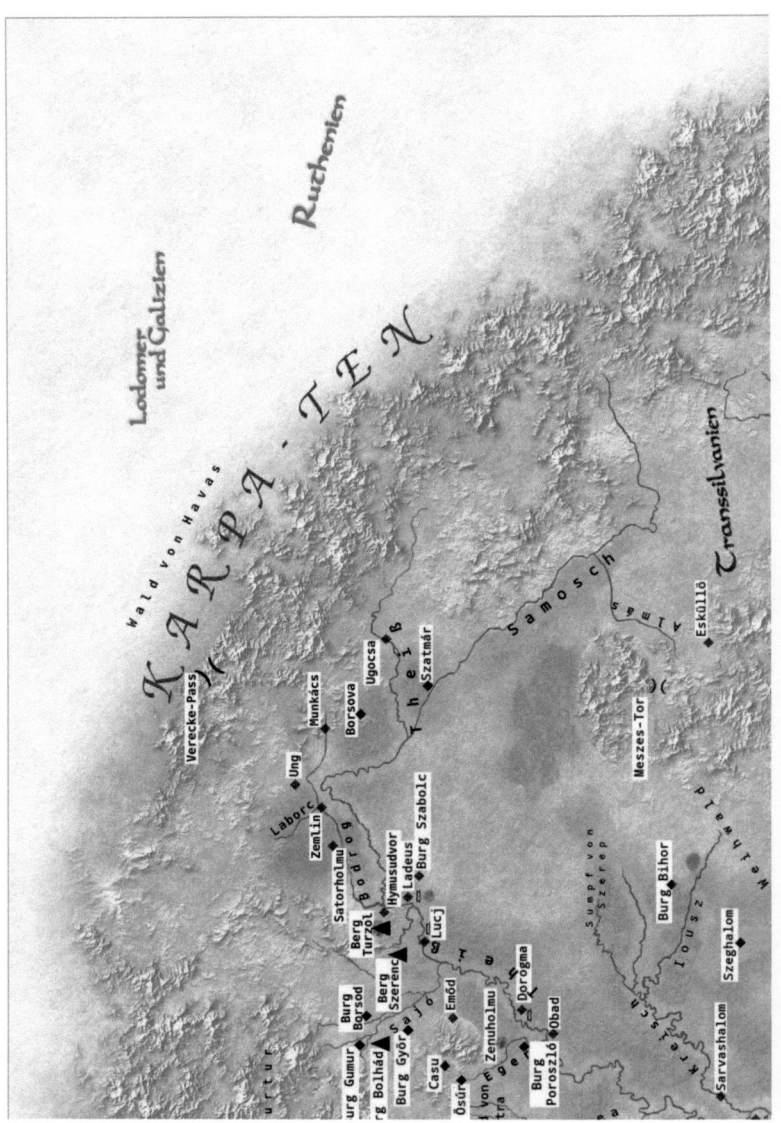

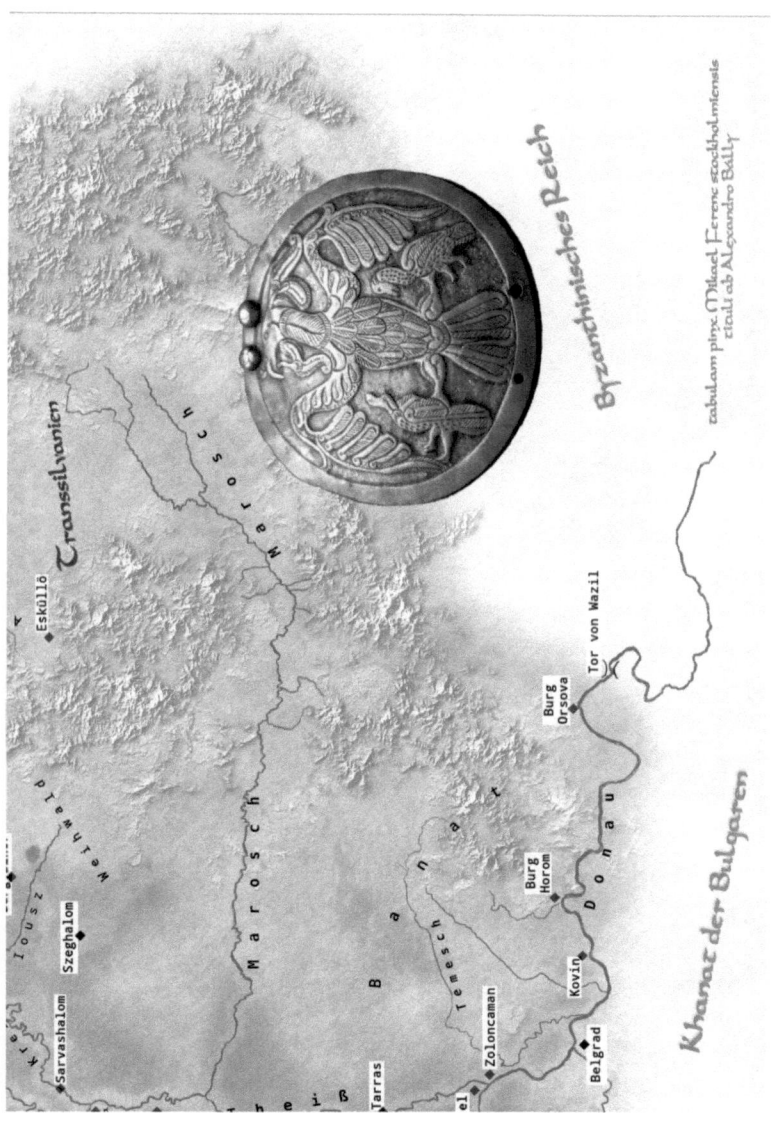

Transsilvanien

Esköllő

Byzantinisches Reich

tabulam pinx: Milord Ferenc stockholmiensis
titul: ab Alexandro Bátky

Maros

Weinham

Maros

Banat

Temesch

Donau

Tor von Wazil

Burg
Orsova

Burg
Horom

Kovin

Kanat der Bulgaren

Iousz

Szeghalom

Sarvashalom

Zoloncaman

Belgrad

Tarras

Theiß

231